SÉJOUR

D'UN OFFICIER FRANÇAIS

EN CALABRE;

OU

LETTRES

Propres à faire connaître l'état ancien et moderne de la Calabre, le caractère, les mœurs de ses habitans, et les événemens politiques et militaires qui s'y sont passés pendant l'occupation des Français.

(par M. Duret de Tavel)

A PARIS,

Chez BÉCHET aîné, Libraire, quai des Augustins, n° 57.
ET A ROUEN,
Chez BÉCHET fils, Libraire, rue Grand-Pont, n° 73.

1820.

IMPRIMERIE DE DENUGON.

AVIS DE L'ÉDITEUR.

Avant la Notice historique de M. de Rivarol(1), il n'existait aucune description particulière de la Calabre. Cette terre classique de la fable et de l'histoire n'était plus connue que par les tremblemens de terre qui l'ont si souvent bouleversée, et par les scènes de brigandage dont elle a été constamment le théâtre.

---

(1) Capitaine-adjudant-major dans la Garde Royale.

Les voyageurs n'osaient s'aventurer dans un pays inhospitalier, dépourvu d'auberges, de routes praticables, et dont les chemins périlleux ont toujours été infestés de bandits.

Ce n'est que par suite d'une longue occupation militaire, qu'on a pu acquérir une connaissance exacte de cette contrée autrefois si célèbre sous le nom de Grande-Grèce, et qui, maintenant au milieu des plus riches trésors de la nature, n'offre de toute part qu'une dégradation physique et morale, suffisante seule pour attirer toute l'attention de l'observateur.

La Notice de M. de Rivarol, dont l'élégante rédaction est le moindre mérite, laisse uniquement le regret d'une trop grande brièveté.

Les circonstances actuelles pouvant inspirer le désir d'avoir des notions plus étendues sur cette partie du royaume de Naples, dont la résistance a été si opiniâtre durant la dernière guerre, nous publions ces Lettres, extraites de la correspondance d'un Officier français avec son père.

Les détails variés qu'elles renferment feront connaître l'état ancien et moderne de la Calabre, le caractère, les mœurs de ses habitans, et le pénible genre de guerre que les troupes françaises ont faite pendant si long-temps dans cette contrée, où il y avait à lutter contre les élémens, la chaleur, l'insalubrité du climat, la perfidie des habitans, et enfin contre des bandes errantes dont la ruse et l'audace égalaient la perfidie!

Si le lecteur ne reconnaît pas toujours dans ces Lettres le style d'un écrivain exercé, nous espérons qu'il y trouvera du moins cette inspiration du moment, qui peint si bien les objets.

TABLE
DES MATIÈRES.

LETTRE PREMIÈRE.—Arrivée à Naples.—Aperçu de cette ville.—Départ pour la Calabre.   Pag. 1

LETTRE II. — Voyage de Naples à Castelluccio.—Première rencontre des brigands.—Événement funeste.   6

LETTRE III.—Continuation du voyage jusqu'à Cosenza. — Tourmente essuyée sur le Campoténièse. — Passage de torrens dans la vallée du Chratis.   11

LETTRE IV.—Arrivée à Rogliano.—Situation politique et militaire des Français en Calabre. — Le chef de brigands Francatripa.   18

LETTRE V.—Expédition contre Francatripa.—Aspect pittoresque du pays.   27

LETTRE VI. — Ville de Cosenza. — Mœurs de ses habitans. — Commandement des places de la Calabre.   32

LETTRE VII.—Commissions militaires établies en Calabre.—Anecdotes diverses.   39

LETTRE VIII. — Précis des événemens politiques et militaires qui se sont passés en Calabre depuis l'entrée des Français en 1806, jusqu'au commencement de 1808.   46

LETTRE IX.—Route de Cosenza à Nicastro.—Description du golfe de Saint-Euphémie. — Le chef de brigands Benincasa.   57

LETTRE X.—Situation des Français à Nicastro.—

Inimitié des habitans. — Événemens survenus pendant notre séjour dans cette ville.   Pag. 68

Lettre XI. — Ville de Montéléone. — Agrément de ce séjour. — Mœurs de ses habitans.   77

Lettre XII. — Excursion à Nicotera, Tropea, Pizzo. — Description de ces villes et de leurs environs.   84

Lettre XIII. — Voyage à Reggio. — Description de Palmi, de Scylla, du détroit de Messine. — Beauté des environs de Reggio. — Singulier phénomène, connu sous le nom de *Fata Morgana*.   94

Lettre XIV. — Description générale de la Calabre. — Son climat. — Ses productions. — Son commerce. — Ce qu'elle était au temps des républiques grecques. — Son état actuel. — Désastres occasionnés par les tremblemens de terre.   107

Lettre XV. — Caractère et mœurs des Calabrais. — La Tarentule. — Notice sur les Albanais etablis en Calabre.   120

Lettre XVI. — Le climat de la Calabre funeste aux Français. — Départ pour Rogliano. — Les Anglais enlèvent un couvoi. — Le chef de brigands Parafanté. — Il tombe dans une embuscade. — Trait de perfidie. — Aspect de Cosenza pendant les chaleurs. — Son insalubrité. — Départ de Joseph pour l'Espagne.   132

Lettre XVII. — Départ précipité pour Rossano et Catanzaro. — Armement des Anglais en Sicile.   143

Lettre XVIII. — Gouvernement de Joseph. — Arrivée de Joachim Murat, son successeur au trône. — Description de Catanzaro. — Affabilité des habitans. — Trait caractéristique des paysans calabrais. — Anecdotes sur Mélizano.   151

Lettre XIX. — L'expédition anglaise se dirige vers

l'Espagne.—Route de Catanzaro à Rossano.—Description ancienne et moderne du pays.—Château d'Annibal.—Cotrone.—*Capo delle Colonne.*—Temple de Junon Lacinienne. Pag. 159

Lettre XX.—Expédition contre les insurgés de Longo-Bucco.—Description du pays. 170

Lettre XXI.—Suite de l'expédition contre Longo-Bucco. — Anecdote. — Prise de l'île de Capri. 178

Lettre XXII.—Départ pour Corigliano.—Beauté de ses environs.—Position de Sybaris.—Notice sur cette ancienne ville.—Sa destruction.—État actuel du pays. 185

Lettre XXIII. — Affabilité des habitans de Corigliano. — Ressources qu'offre ce pays pour la chasse.—Ses productions. 194

Lettre XXIV.—Conduite de Murat envers l'armée française.—L'Autriche déclare la guerre à la France — Événemens militaires dans la Haute-Italie.—Préparatifs des Anglais en Sicile.—Notre position en Calabre. 202

Lettre XXV.—La flotte anglaise entre dans le golfe de Naples.—Inquiétudes de Murat.—Ordre aux troupes françaises de se rapprocher de la capitale.—Le fort de Scylla assiégé par les Anglais. 209

Lettre XXVI.—La flotte anglaise rentre dans les ports de la Sicile.—Résultats de l'expédition.—Camp de la Coronna—Anecdote.—Procès singulier. 217

Lettre XXVII.—Départ du camp. — Route par le sirocco.—Arrivée à Maïda.—Brigands du bois de Saint-Euphémie.—Bandits siciliens. 225

Lettre XXVIII.—La Calabre inondée de brigands étrangers.—Ils sont repoussés.—Échauffourée de nuit.—Arrivée à *San-Johan-in-Fiore*.—Séjour dans cette ville. 233

Lettre xxix. — Description de San-Johan-in-Fiore. — Caractère de ses habitans. — Retour à Cosenza. Pag. 242

Lettre xxx. — L'auteur, en route pour se rendre à Naples, est forcé de retourner en Calabre. — Incidens survenus pendant son voyage. 247

Lettre xxxi. — Excursion dans la partie orientale de la Calabre ultérieure. — Description de ce littoral. — Villes de Squillace et de Gérace. — Situation et ruines de l'antique Locres. — Notice sur les Bohémiens. — Retour à Cosenza, en passant par Reggio et Montéléone. 254

Lettre xxxii. — Entrée de Murat à Cosenza. — Projet de descente en Sicile. — Dispositions pour l'attaque et la défense sur les deux rives du détroit. — Arrivée du roi à Scylla. — Les Anglais bombardent cette ville. 265

Lettre xxxiii. — Situation des armées française et anglaise. — Combat des deux flottilles. 270

Lettre xxxiv. — Grande revue. — Fête brillante. — Beauté du climat. — Situation politique et militaire des Calabres. — Départ subit pour Castrovillari. 276

Lettre xxxv. — Insurrection de l'arrondissement de Castrovillari. — Expéditions contre les insurgés. — Échec éprouvé à Orsomarzo. — Événemens divers. 282

Lettre xxxvi. — Débarquement de la division napolitaine en Sicile. — Joachim Murat renonce à l'expédition. — Son retour à Naples. — Réflexions générales sur cette entreprise. 295

Lettre xxxviie et dernière. — Départ pour Naples. — Nouvelles dispositions pour détruire le brigandage en Calabre. — Réflexions générales sur ces provinces. — Conclusion. 301

FIN DE LA TABLE DES MATIÈRES.

SÉJOUR

D'UN OFFICIER FRANÇAIS

EN CALABRE.

―――――

LETTRE PREMIÈRE.

Arrivée à Naples. — Aperçu de cette ville. — Départ pour la Calabre.

Naples, 20 novembre 1807.

MES précédentes lettres n'ont pu que vous exprimer bien faiblement les sensations qui naissent en foule en traversant l'Italie, et je puis encore moins vous peindre tout ce que j'éprouve dans cette grande et belle ville de Naples où nous sommes arrivés il y a quatre jours. Sa situation, son climat, ce Vésuve qui domine le plus beau golfe du monde; ces grandes rues bien pavées, ces maisons couvertes en terrasses, ces points de vue variés et superbes, ces aspects alternativement rians et terribles, tout charme les sens, et exalte l'imagination ; enfin, Naples me paraît être la ville la plus délicieuse que j'ai connue. Ici tout est en mouvement en comparaison des autres grandes villes d'Italie, surtout de Rome dont les habitans semblent errer comme des ombres au milieu de ces antiques monumens du génie et des arts.

Les premières pluies d'automne ayant cessé, nous jouissons d'une température dont le charme est inexprimable : les habitans de toutes les classes semblent s'y livrer avec transport. On se presse dans les rues, sur les quais, sur les places publiques; on a surtout peine à traverser la multitude qui afflue dans la rue de Tolède, la plus belle que je connaisse; l'immense population qui y circule sans cesse, les carrosses, les calèches, les gens de pied, une populace criarde et s'agitant sans cesse, y font plus de bruit que dans aucun quartier de Paris. On voit de tous côtés des escamoteurs, des polichinelles, des charlatans; et si, au milieu de tous ces saltimbanques, il prend fantaisie à un prêtre de prêcher la multitude, aussitôt il monte sur un tonneau ou sur la première élévation qui se présente; le peuple se presse en foule, et le prédicateur, gesticulant comme un possédé, et employant le jargon de la bouffonnerie, improvise à l'aventure un sermon aussi ridicule qu'inconvenant. Cet usage, si contraire à nos mœurs, est choquant au dernier point.

Cette ville, qui a un aspect tout particulier, fait naître à chaque instant des sensations nouvelles, et si tumultueuses, qu'elles ne m'ont laissé jusqu'à présent qu'un vague indéfini qui ne me permet de rien examiner avec attention; d'ailleurs, une partie de mes journées est employée à des détails militaires bien pénibles à remplir dans une grande ville. Je termine le plus vite qu'il m'est possible mon service d'adjudant-major, pour me mettre en campagne avec mon chef de bataillon, dont je suis l'ami inséparable. Mais il faudrait être maître de son temps, et pouvoir employer au moins un mois à parcourir la ville et surtout ses beaux environs qui faisaient les délices des Romains, et que les brillantes fictions de l'Énéïde ont à jamais rendus célèbres. Il faudrait assurément plus d'un mois, et je n'ai plus que deux journées à y passer. Un ordre fatal m'arrache de ce séjour enchanteur que je connais à peine, et envoie notre bataillon dans la partie la plus reculée de ce royaume : nous partons pour la Calabre. J'en suis réellement consterné. Il faut renoncer à tous mes charmans projets, pour aller m'enfouir dans une contrée dont on fait des récits épouvantables. Nos exploits vont se borner à poursuivre des bandes de brigands, à travers les montagnes et les forêts dont ce pays est couvert, et à végéter ensuite dans de tristes villages habités par une race d'hommes qu'on nous dépeint comme des sauvages perfides et cruels à l'excès. Quel contraste va nous offrir cette nouvelle situation, en quittant ces bons Allemands si francs, si hospitaliers, et après avoir pris part à des travaux militaires si glorieux!

Voulant cependant connaître la Calabre autrement que par des *ouï-dire* souvent exagérés, j'ai vainement fait toutes les recherches possibles chez les premiers libraires de la ville, qui m'ont tous assuré qu'il n'existait aucune description particulière de cette partie de l'Italie. Il paraît que les bandits et la difficulté des chemins ont empêché les voyageurs d'y pénétrer. Je me plais donc à considérer mon entrée en Calabre comme un voyage en découvertes, et sous ce rapport il doit offrir un grand intérêt. Attendez-vous à recevoir de moi des lettres fréquentes et volumineuses. Cette correspondance que vous savez si bien encourager en père indulgent, fera ma plus douce consolation, et deviendra le charme de tous mes loisirs.

Nous avons l'ordre de nous rendre directement à Cosenza, l'une des principales villes de Calabre, d'où je vous écrirai dès mon arrivée.

LETTRE II.

Voyage de Naples à Castelluccio. — Première rencontre de brigands. Evénement funeste.

Castelluccio, 1er décembre 1807.

Près d'entrer en Calabre, nous sommes arrêtés depuis deux jours par un torrent fougueux. Le temps semble vouloir changer, et en attendant que l'écoulement des eaux rende le passage praticable, je profite de la rencontre d'un officier qui se rend à Naples, pour vous donner quelques détails sur notre voyage déjà signalé par un cruel événement.

Nous partîmes de Naples le 23 novembre, par un temps superbe, suivant, entre le Vésuve et la mer, une belle route pavée en laves. Le volcan était calme, la mer tranquille, et l'horizon le plus pur nous laissait découvrir au loin les côtes de Sorente, patrie du Tasse, et les îles situées à l'entrée du beau golfe de Naples.

On traverse jusqu'à Salerne un grand nombre de villages, de bourgs, de petites villes charmantes qui sont tellement rapprochées, qu'elles semblent unir Salerne avec la capitale. La campagne est admirable, les cendres du Vésuve la rendent d'une fertilité incroyable, aussi la population y est-elle prodigieuse. Les environs de Naples ont été si bien décrits par un grand nombre de voyageurs, que je n'essaierai pas de vous en donner une idée, n'ayant d'ailleurs vu tous les objets qu'en passant. Jugez du chagrin que j'ai dû éprouver, en marchant sur les laves du Vésuve, de ne pouvoir visiter ce célèbre volcan; mais cette excursion si intéressante prend une journée entière. Je m'en suis dédommagé en parcourant les ruines de Pompeïa. Il est difficile de rien voir de plus curieux. On est fort étonné de se promener dans une ville romaine que les cendres du Vésuve ont cachée et conservée près de deux mille ans. C'est peut-être le monument le plus propre à faire connaître les mœurs et les habitudes domestiques des Romains.

J'ai beaucoup regretté que la courte durée

des jours ne m'ait point permis d'aller visiter les ruines de Pœstum, situées à dix milles d'Eboli.

A peu de distance de cette dernière ville, nous entrâmes dans les montagnes. Leur sommet était couvert de nuages, la pluie survint, et elle ne nous a plus quittés jusqu'ici. Que n'est-elle tombée par torrent! pour empêcher le fatal événement dont il me reste à vous parler, et dont nous avons presque été les témoins sans pouvoir l'empêcher.

Après avoir passé le village de Lauria, on trouve une montagne fort élevée (le monte Gualdo); près d'arriver à son sommet, nous entendîmes quelques coups de fusil suivis d'une forte décharge. Nous hâtâmes notre marche, et nous aperçûmes bientôt sur une petite plaine quelques soldats d'infanterie poursuivis par une troupe de brigands qui, en nous voyant, se sauvèrent au plus vite dans un bois voisin. Nos grenadiers firent de vains efforts pour les rejoindre, et en avançant nous trouvâmes dans un chemin creux, environné d'épaisses broussailles, sept hommes dont quelques-uns respiraient encore, criblés de balles, et percés de coups de poignards. Ils faisaient partie d'un détachement commandé par un sergent qui se rendait à Naples, escortant huit mulets chargés de bagages militaires. Ce sous-officier nous dit qu'avant d'entrer dans ce coupe-gorge, il s'était fait devancer par quelques hommes que les brigands embusqués derrière les broussailles avaient laissé passer, et que tout-à-coup ils en étaient sortis en faisant une décharge sur le détachement que notre heureuse apparition préservait d'une ruine totale. Quelle leçon pour ceux qui comme nous sont destinés à faire cette misérable guerre ! Nous emportâmes nos malheureux compatriotes pour leur donner la sépulture, et le reste du détachement dont ils faisaient partie continua sa route ; trois heures après, le bataillon arriva à *Castelluccio*, gros village assez bien bâti, et situé à un mille de ce torrent qui arrête notre marche. C'est le Laino ; il sépare la Basilicate de la Calabre. Sa vue est réellement effrayante dans ce moment ; il remplit une large vallée, et roule avec fracas ses eaux bourbeuses sur les énormes quartiers de rochers dont son cours est obstrué. On dit que si la pluie ne recommence pas, il s'écoulera en partie cette nuit, et que demain nous pourrons continuer notre route sur Cosenza, d'où je vous écrirai.

LETTRE III.

Continuation du voyage jusqu'à Cosenza. — Tourmente essuyée sur la Campotémèse. — Passage de torrens dans la vallée du Chratis.

Cosenza, 6 décembre 1807.

JE conçois aisément que la nécessité seule peut amener en Calabre, du moins dans cette saison, où tous les élémens déchaînés semblent vouloir en interdire l'entrée. Vous allez en juger par la suite du récit de notre voyage.

Le 2 décembre au matin, je fus chargé d'aller m'assurer si le passage du torrent était praticable. Des gens du pays qui m'accompagnaient, sondèrent les endroits guéables, et déclarèrent que l'eau diminuant sensiblement, dans deux heures nous pourrions passer en toute sûreté. Effectivement, le bataillon sortit de ce mauvais pas sans aucun accident; mais de plus grandes difficultés nous attendaient. Le torrent avait retardé notre marche ; il restait encore vingt milles à faire jusqu'à l'étape de Castrovillari, et dans cette saison la nuit survient avant cinq heures. Les soldats, parvenus les premiers à l'autre bord, s'étaient répandus dans le village de *Rotonda*. Il fallut de nouveau perdre du temps pour les réunir, après quoi le bataillon s'engagea dans les défilés d'une haute montagne (le Campotémèse), dont le sommet était couvert de neige et de brouillards. A mesure que nous avancions, une pluie très-froide saisissait nos membres déjà engourdis par la traversée du torrent ; bientôt il s'y joignit un vent extrêmement rigoureux ; et, parvenus sur un vaste plateau qui couronne la montagne, il survient une affreuse tourmente. Nous étions trop avancés pour reculer ; cependant il eût été prudent de retourner au village de Rotonda ; mais il était à craindre que des retards multipliés dans notre marche n'occasionnassent des reproches. On avança donc avec bien de la peine et en se débattant contre un vent violent qui poussait au visage une grêle fine et pénétrante. Plusieurs soldats, saisis par le froid, et dont les forces étaient épuisées, tombaient en défaillance, et restaient morts au milieu des neiges sans qu'il fût possible de leur porter aucun secours. La nuit qui approchait, rendait cette position encore plus critique. Enfin, après avoir lutté pendant trois heures contre les angoisses de la mort, le bataillon atteignit le revers de cette funeste montagne, d'où une pente rapide nous fit bientôt descendre dans la plaine. Deux heures de marche auraient suffi pour arriver à Castrovillari, si une fatale méprise n'eût mis le comble à toutes les entraves de cette pénible journée.

La nuit ne permettant pas de bien reconnaître les chemins, l'adjudant sous-officier, qui précédait le bataillon avec les sapeurs, s'engagea dans une fausse route. Privés du secours de nos guides qui s'étaient évadés, et de celui des muletiers restés en arrière avec les équipages, la tête de la colonne suivit les éclaireurs. Arrivés, après deux heures de marche, à une ferme occupée par un détachement français, nous fûmes instruits de cette funeste bévue. Bien que nous fussions tous épuisés de faim et de fatigue, il fallut cependant retrouver de nouvelles forces pour gagner au plus vite Castrovillari où le bataillon arriva enfin à onze heures du soir. Le torrent n'ayant point permis d'envoyer la veille un avant-garde pour faire les logemens, rien n'était disposé pour nous recevoir. Le commandant de la ville étant parti en colonne mobile avec la garnison, le guide nous conduisit chez le maire, qui, voyant les soldats se répandre tumultueusement dans toutes les maisons, nous prit pour un fléau envoyé du ciel. La ville entière était dans la rumeur et l'épouvante; on n'entendait que des cris et des coups redoublés pour enfoncer les portes. La nuit étant des plus obscures, nos efforts pour empêcher ce désordre furent inutiles. Tout le monde se logea comme il put, et la lassitude générale ramena le calme et le silence. La plupart des officiers restèrent chez le maire, où ils passèrent la nuit à se sécher dans la cuisine auprès d'un grand feu. Quelques verres de bon vin firent bientôt oublier les fatigues, mais non la perte de nos soldats morts dans cette région glaciale, et dont notre imagination attristée exagérait encore le nombre.

Le lendemain il manquait plus de cent hommes au moment du départ pour Tarzia, triste village, dont la misère s'accroît journellement par le passage continuel des troupes. Mais nous n'aspirions tous qu'après un repos nécessaire pour nous remettre des fatigues de la veille, et nous préparer à en essuyer de bien grandes le lendemain. Il restait encore trente milles à faire jusqu'à Cosenza, ce qui équivaut à dix lieues de France, et en outre la route dans cette saison est absolument impraticable.

Le bataillon se mit en marche une heure avant le jour. Il traversa un premier torrent si rapide, que, malgré toutes les précautions, trois hommes, que la violence du courant entraînait dans le Chratis (rivière qui inonde toute la vallée de Cosenza) se fussent infailliblement noyés, s'ils n'avaient été secourus par quelques nageurs intrépides. Après deux heures de marche dans des plantations de riz où l'on enfonçait exactement jusqu'à mi-jambe, nous eûmes à traverser des mares profondes, des fondrières et de nouveaux torrens. Toute trace de chemin ayant disparu, les obstacles semblaient se multiplier à mesure qu'on avançait. Les soldats, abîmés de fatigue, et ayant perdu leur chaussure, pestaient, juraient. Enfin le bataillon entier serait, je crois, resté au milieu des boues, s'il n'eût atteint avant la nuit la belle avenue qui conduit à Cosenza où nous arrivâmes à neuf heures du soir, dans un état affreux.

Nous étions fort inquiets sur le sort des hommes restés en arrière et sur celui de nos équipages. Ils viennent seulement d'arriver après avoir fait un grand détour dans les montagnes pour éviter les torrens et les fondrières de la plaine.

L'officier commandant l'escorte nous a dit que les muletiers ayant déclaré ne pouvoir affronter la tourmente, avaient indiqué des huttes de charbonniers où le détachement s'était réfugié. Le lendemain à son passage sur la montagne, il a trouvé vingt-deux soldats du bataillon étendus morts sur la neige. Les hommes égarés ou restés en arrière viennent également d'arriver.

Tel est notre funeste début en Calabre; il nous a déjà fait connaître tous les genres de difficultés qui nous y attendent. Le bataillon part après demain pour occuper des cantonnemens dans les montagnes.

LETTRE IV.

Arrivée à Rogliano. — Situation politique et militaire des Français en Calabre. — Le chef de brigands Francatripa

Rogliano, 18 décembre 1807.

Maintenant que nous sommes bien installés dans nos villages, je vais vous donner un aperçu des localités, et de notre situation politique et militaire en Calabre.

Rogliano, situé à cinq lieues de Cosenza, est bâti sur une élévation qui domine une vallée extrêmement profonde dans laquelle les eaux des montagnes environnantes viennent s'engouffrer avec un fracas terrible. On descend dans cet abîme par un escalier étroit et bordé de précipices qui forme la seule route de communication de Naples à Reggio, par l'intérieur du pays. Avec de pareils chemins, il n'est certes point étonnant que la Calabre reste isolée.

Ce bourg, peuplé de deux mille âmes, renferme plusieurs belles maisons et quelques riches propriétaires; il est réputé pour la bonne qualité du vin qu'on y recueille et la salubrité de son climat. Le froid s'y fait vivement sentir; nous en sommes d'autant plus incommodés, que les appartemens n'ayant ni poëles, ni cheminées, on est réduit à les chauffer au moyen d'une brasière dans laquelle on fait consumer du marc d'olive qui répand une odeur désagréable et suffocante.

Je suis logé dans une des bonnes maisons du pays; mon hôte est un excellent homme qui sauva la vie à un officier français blessé à la bataille de Saint-Euphémie; il eut le courage de l'arracher à la fureur du peuple prêt à le massacrer; il le recueillit dans sa maison au risque de la voir saccagée et brûlée; il soigna ses blessures, et le tint caché jusqu'au retour de nos troupes. Cette conduite commande la confiance. Ce brave et digne homme, très-causeur de sa nature, m'instruit sur bien des choses qu'il est important de connaître dans ce pays.

La Calabre est occupée par la division du général Régnier forte d'environ cinq mille hommes, dispersés par bataillons et compagnies sur toute l'étendue des deux provinces, pour assurer les correspondances, observer tous les points accessibles de la côte, tenir dans l'obéissance une population inquiète et mécontente, et enfin pour harceler sans cesse des bandes de brigands qui errent de toute part. Les troupes ne se réunissent que dans le cas où leur sûreté peut être compromise, soit par des mouvemens sérieux dans l'intérieur, ou par l'apparition des forces anglaises qui occupent la Sicile; mais habituellement chaque officier supérieur commande un arrondissement territorial, où il exerce, selon les circonstances, une haute police civile et militaire, sous les ordres, et d'après les instructions des généraux commandant les provinces, soumis eux-mêmes au général commandant en chef la division militaire et territoriale, dont les attributions sont fort étendues.

L'influence des autorités civiles qu'on cherche à établir sur le même pied qu'en France, est tellement paralysée par les mauvaises dispositions des habitans, qu'aucune mesure ne peut s'exécuter que par la force. Aussi elles émanent le plus ordinairement de l'autorité militaire. Cette manière d'opérer, assurément très-vicieuse, est cependant la seule admissible dans un pays livré depuis si long-temps au désordre, et où l'on désire établir des formes administratives entièrement opposées à toutes les notions des habitans imbus d'affreux préjugés, démoralisés à l'excès, et inaccessibles à toute persuasion.

Bien qu'il résulte de cet état de choses des abus en tout genre, un grand nombre d'habitans s'accordent cependant à dire que les officiers français apportent dans les affaires une droiture et une sagacité qui tempèrent plus ou moins les graves inconvéniens d'un pareil régime. Les familles calabraises, divisées par des haines invétérées, se portent à tous les genres d'atrocités et de perfidies. Les commandans français, cherchant à en atténuer les sanglans résultats si opposés à leurs mœurs, doivent nécessairement opérer des changemens avantageux. D'ailleurs, les affaires de quelque importance sont toujours soumises aux autorités supérieures, généralement animées par l'intention d'améliorer le sort de ce pays que le despotisme et l'arbitraire des barons a tenu si long-temps dans l'ignorance et la barbarie.

Notre chef de bataillon a la surveillance de l'arrondissement de Rogliano occupé par nos compagnies. Tous les détails du commandement occasionnent une correspondance multipliée, dont l'ennui est encore augmenté par les plaintes et les dénonciations éternelles de ce peuple ardent, inquiet et calomniateur. Le début d'un officier français est fort embarrassant; on se voit tout-à-coup lancé dans un mélange d'affaires embrouillées, et cela dans un pays difficile dont on connaît peu ou point le langage, et où l'on est constamment entouré de piéges, d'inimitiés et de perfidies; m'étant chargé de la correspondance italienne, je suis journellement à portée d'en juger. Mon hôte est devenu mon interprète pour le jargon du pays, qui est à l'italien ce que le patois provençal est au français. Mais une grande affaire qui est plus spécialement du ressort militaire, fixe particulièrement notre attention.

Il existe dans cet arrondissement un fameux chef de brigands nommé *Francatripa*, que ses atrocités ont rendu la terreur du pays. Ce monstre, né dans les environs de Rogliano, où il a des vengeances particulières à exercer, tient une partie des habitans dans des angoisses continuelles, aussi se rallient-ils volontiers à nous, pour se soustraire à ses cruautés. La bande d'assassins qu'il commande, alimentée par les bandits de la Sicile que les Anglais débarquent fréquemment sur les côtes, devient souvent redoutable par le nombre. Il est spécialement enjoint au commandant de chercher à la détruire par tous les moyens possibles; mais ce n'est point chose facile. Francatripa doué d'une extrême vigueur, d'une grande pénétration, et connaissant parfaitement tout ce canton, où il a un grand nombre de partisans, sait se soustraire à toutes les attaques, en se retirant à de grandes distances dès qu'il se voit menacé; mais aussitôt que les poursuites ont cessé, il reparait subitement, et désole de nouveau le pays. Placé sur les hauteurs, il harcèle constamment les courriers, afin d'enlever leurs dépêches qu'il fait passer en Sicile; sa présence tient les troupes dans une activité permanente, et d'autant plus pénible, qu'elle n'a le plus souvent aucun résultat avantageux. Vous jugerez par le fait suivant des ruses et des perfidies qu'il est susceptible d'employer.

Au mois de septembre dernier, une compagnie de voltigeurs du 29ᵉ régiment de ligne, traversant les hautes montagnes de la Sylla pour se rendre de Catanzaro à Cosenza, fut épiée pendant sa marche par la bande de Francatripa. Cette compagnie se trompa de chemin, et comme elle était près d'arriver à un village nommé *Gli-Parenti*, refuge habituel des brigands qui partagent leurs rapines avec ses habitans, Francatripa, craignant sans doute d'engager un combat, jugea plus prudent d'avoir recours à un piége odieux qui réussit au-delà de ses espérances. Ayant devancé cette compagnie, il fut à sa rencontre en avant du village, en disant qu'il était commandant de la garde nationale, et qu'il venait au nom de la commune offrir des rafraîchissemens à la troupe. Les officiers de cette compagnie ne connaissant point le pays, se rendirent à cette invitation sans aucune défiance, et se laissèrent conduire dans une grande maison, où, s'abandonnant aux trompeuses apparences de cordialité de leurs perfides hôtes, ils furent assez imprévoyans pour faire mettre les armes en faisceaux sur une place devant la maison où ils se trouvaient. Pour inspirer une plus grande sécurité aux soldats, on s'empressa de leur apporter des rafraîchissemens, et, au moment où ils se livraient au repos, un coup de pistolet tiré d'une fenêtre, fut le signal d'un massacre général. Les trois officiers rassemblés dans une salle tombèrent morts. Des décharges parties des maisons voisines et de toutes les issues de cette place, ne laissèrent aucun point de retraite à ces malheureux soldats, dont sept seulement parvinrent à s'échapper. Ainsi, cette compagnie périt presque entièrement, victime de la plus affreuse trahison, et le capitaine qui avait commis la faute de s'abandonner avec cette coupable facilité dans un pays où tout conspire contre les Français, expia son imprudence par une fin bien déplorable. Aussitôt que cet événement fut connu à Cosenza, il en partit un fort détachement avec ordre de brûler *Gli-Parenti* et d'en passer les habitans au fil de l'épée, mais les brigands s'étaient déjà retirés avec leurs complices, et ce village trouvé désert devint la proie des flammes.

Cette horrible trahison, connue dans toute la Calabre, excite puissamment les Français à la vengeance contre ces vils assassins. Ils se sont éloignés depuis notre arrivée ici, mais s'ils reparaissent, nos mesures sont prises pour être instruits de tous leurs mouvemens, et agir en conséquence.

LETTRE V.

Expédition contre Francatripa. — Aspect pittoresque du pays.

Rogliano, 28 décembre 1807.

Nous venons de faire nos premières armes contre ce chef de brigands dont je vous parlais dans ma dernière lettre, et voici le premier bulletin de nos grandes opérations contre de bien misérables ennemis.

Le 25 au matin, je fus instruit par mon hôte de l'apparition des coureurs de Francatripa, et le soir on acquit la certitude qu'il était venu s'installer avec toute sa *commitive* (nom que ces bandes portent en Calabre) sur les ruines de ce même village de *Gli-Parenti*, théâtre de ses atrocités. Le commandant se décida sur-le-champ à aller l'y surprendre, et nous partîmes en silence à huit heures du soir avec un détachement de cent vingt hommes, conduit par des guides affidés.

Gli-Parenti, situé à quatre lieues de *Rogliano*, en est séparé par une profonde vallée au fond de laquelle coule un torrent très-considérable dans cette saison. Pour éviter de passer à proximité du village, d'où l'on eût pu donner avis de notre approche, il était nécessaire de faire un grand détour à travers la forêt, ce qui donnait en outre la facilité d'occuper un passage par où les brigands devaient naturellement chercher à s'échapper. Ce mouvement devait être secondé par une compagnie du bataillon qui reçut l'ordre de se trouver à six heures du matin à peu de distance de *Gli-Parenti*, de manière à garder toutes les issues de ce côté. L'aube matinale était le moment convenu pour faire une attaque prompte et inopinée, qui, selon toutes les probabilités, devait avoir un heureux résultat.

Une nuit froide, mais très-claire, favorisa la marche du détachement qui suivit au milieu des bois un chemin battu ; mais lorsqu'il fallut le quitter pour se rapprocher de la vallée, nous éprouvâmes les plus grandes difficultés en traversant un taillis fort épais où régnait une obscurité profonde. De plus grands obstacles nous attendaient encore en descendant une montagne où il fallut en tâtonnant se tracer un chemin sur un terrain couvert de plusieurs pieds de neige. Cette périlleuse descente, et le passage du torrent, s'effectuèrent cependant sans accident, et à cinq heures du matin nous fûmes rendus à notre poste, attendant en silence et transis de froid le moment d'avancer vers le village. Parvenus avant le jour sur une colline au bas de laquelle *Parenti* est situé, quelques coups de fusil partis de l'autre extrémité, donnèrent lieu de croire que l'attaque commençait sur ce point. On avança au pas de charge, et avec d'autant plus d'ardeur, qu'on espérait bien surprendre ce célèbre bandit, et détruire sa horde, qui, prise à revers, devait en fuyant se jeter sur nos baïonnettes. Mais par une de ces fatalités qui font ordinairement échouer la plus grande partie des expéditions de ce genre, soit que Francatripa eût été prévenu, ou bien qu'il ne se crût pas suffisamment en sûreté sur ce point, il en était subitement parti à trois heures du matin, déjouant ainsi tous nos projets. Les soldats, qui espéraient faire un riche butin, se consolèrent des fatigues de cette pénible marche, par la découverte d'un caveau qui renfermait des vivres en abondance et d'excellent vin.

Les coups de fusil qui semblaient nous annoncer la présence de Francatripa, avaient été tirés sur quelques paysans que nos soldats voyant fuir à leur approche, prirent pour des brigands. Un de ces paysans ou brigands (termes à peu près synonymes dans cette contrée) ayant été blessé à la jambe, et craignant d'être fusillé, découvrit ce magasin de vivres sous condition qu'on lui ferait grâce de la vie.

Après nous être bien reposés et rafraîchis, nous rentrâmes dans nos cantonnemens par le chemin direct qui ne vaut guère mieux que celui que nous avions suivi la veille, fort ennuyés de ne retirer de cette pénible course que le triste avantage de connaitre cet affreux repaire de bandits.

Gli-Parenti, entouré de hautes montagnes, de torrens, et dominé par un vieux château ruiné, offre un de ces sites sauvages qui pénètrent l'âme de cette secrète horreur que les sombres tableaux d'*Anne Radcliffe* savent si bien inspirer.

LETTRE VI.

Ville de Cosenza. — Mœurs de ses habitans. — Commandement des places de Calabre.

Cosenza, 15 janvier 1808.

LE 30 décembre, le commandant reçut l'ordre de se rendre à Cosenza avec quatre compagnies et l'état-major du bataillon, pour prendre le commandement de la place et présider la Commission militaire. Je puis maintenant vous parler de cette ville, car, lors de mon premier passage, j'y arrivai tellement fatigué, et il y faisait un temps si affreux, que j'étais peu tenté de chercher à la connaître.

Cosenza, capitale de la Calabre citérieure, est situé au fond d'une grande vallée, sur le penchant d'une colline attenant à la chaîne des Apennins. Cette ville, autrefois capitale du Brutium, est une des plus anciennes du royaume de Naples, et la plus considérable des Calabres. C'est le siége d'un archevêché et la résidence de toutes les autorités civiles et militaires de la province; les rues sont en général étroites, tortueuses et d'un accès difficile, à l'exception de la grande rue bâtie assez régulièrement aux pieds de la colline, baignée par les eaux du Chratis. Ce fut dans cette ville, que vers l'année 410, la mort arrêta le cours des ravages d'Alaric; mille ans après, on retrouva le corps de ce redoutable chef des Visigoths, soudé entre deux boucliers, et enseveli au milieu de la rivière, probablement dans l'intention de soustraire ses cendres à la vengeance des peuples victimes de sa barbarie.

Les hautes montagnes, couvertes de neige et de brouillards qui avoisinent Cosenza, y entretiennent une température humide et désagréable, mais on nous fait espérer que dans un mois nous jouirons de tous les charmes du printemps, et que nous trouverons alors des promenades délicieuses dans cette grande vallée que le Chratis inonde pendant l'hiver, mais qu'il fertilise dans la belle saison. Cependant on cesse de visiter ses bords fleuris dès que la chaleur commence. On dit qu'alors la ville devient si malsaine, que la plus grande partie des habitans l'abandonnent pour se retirer sur les montagnes.

Depuis l'entrée des Français, Cosenza a beaucoup acquis sous le rapport de la sociabilité. Il y a des bals, des cercles brillans et nombreux où l'on offre des liqueurs et des sorbets. L'exemple de ces réunions donné par les premières autorités, généralement composées de Français, a trouvé quelques imitateurs parmi les nobles du pays qui possèdent des revenus considérables. Les dames, charmées de nos manières, sont devenues très-accessibles, et au grand scandale des maris, naturellement despotes et jaloux, mais qui se croient obligés à quelques égards envers nous; à leur grand scandale, dis-je, la valse voluptueuse a succédé aux danses bizarres du pays. Toutes ces innovations doivent susciter d'étranges scènes dans l'intérieur des familles. Au surplus, à en juger par la conversation de ces belles, qui nous font avec un naturel inconcevable les plus étranges confidences, leurs mœurs, loin de se corrompre, ne peuvent que s'épurer par la fréquentation des Français.

Si les mœurs sont fort relâchées dans cette ville, il y a, ce me semble, encore moins de bonne foi, à en juger par tout ce que je suis à même d'observer chez le commandant où je passe ma vie.

A peine était-il entré en fonction, qu'un grand nombre d'habitans, sous prétexte de souhaiter la bonne année à *son excellence illustrissime*, vint l'assaillir de doléances et de réclamations qui finirent seulement plusieurs jours après. La multitude et la futilité des plaintes qu'ils énonçaient avec une volubilité excessive, et les violentes altercations qui survenaient parmi eux, fatiguèrent tellement le commandant, qu'il finit par les mettre tous à la porte. Lorsque la foule des réclamans fut écoulée, arrivèrent successivement les *gualant-uomini* (on donne ce nom aux propriétaires) qui, après avoir débité avec une chaleur et une verve très-originale, leurs complimens de nouvelle année, en prose et en vers, insinuèrent leurs récla mations d'un air soumis et patelin. C'était d'abord l'exemption des logemens militaires, dont chacun d'eux prétendait supporter constamment le fardeau. Ensuite des plaintes sur l'injuste répartition des charges imposées pour les transports militaires, et puis des avis sur différentes personnes de la ville dont il fallait se méfier, disant qu'elles favorisaient le brigandage et étaient les ennemis secrets des Français, tandis qu'eux étaient connus pour en avoir été de tout temps les plus zélés partisans, et que comme tels, lors de la révolution qui renversa la république parthénopéenne en 1799, ils avaient été pillés et dévastés par les bandes du cardinal Ruffo. Nous avons eu lieu de nous convaincre plus tard, que ceux qui se montrèrent si empressés, avaient à se reprocher ces mêmes délits qu'ils dénonçaient, pour détourner les soupçons qui planaient sur eux.

Les commandans de place ou d'arrondissement, étant la première autorité à laquelle les Calabrois ont recours, ils s'étudient à en sonder les caractères, les dispositions, et ils sont fort habiles à profiter des facilités qu'ils peuvent trouver pour satisfaire leurs intérêts et leurs passions haineuses ; mais si l'on vient à pénétrer leur secrète pensée, aussitôt le sentiment de la vengeance se fait entendre, et une dénonciation anonyme bien envenimée et tournée avec une vraisemblance odieuse, est adressée au commandant de la province, et par duplicata au général de division, qui heureusement connaît trop bien cet odieux manége pour ne pas le mépriser. Je vais vous citer un petit trait de calomnie tout récent, qui a fort mal tourné pour son auteur.

Il y a quelques jours que je vis entrer chez le commandant un homme d'une tournure grotesque, dont la physionomie bouleversée annonçait la plus violente agitation. Il débuta par dire brusquement que deux jeunes fourriers du bataillon avaient attenté à l'honneur de ses nièces, logées chez lui, et dont il était le tuteur ; qu'étant accouru à leur secours, il avait été violemment battu et ses nièces fort maltraitées ; ajoutant que si on ne lui rendait justice sur-le-champ, il allait en porter plainte au général et au roi lui-même. Pénétrés du ton de chaleur et de vérité qu'employait cet individu, nous ne doutâmes pas un instant de l'authenticité du fait, mais le résultat d'une enquête que je fis sur-le-champ moi-même, me donna la conviction que cet homme, jaloux sans motif réel de ses nièces, victimes de son avarice et de ses coupables désirs, les avait accablées de mauvais traitemens sur un léger prétexte, et que nos fourriers, logés en face de sa maison, n'étaient entrés chez lui que pour préserver de sa brutalité ces deux victimes qu'ils entendaient souvent jeter des cris d'effroi. Elles réclamèrent ma protection pour se soustraire à la violence d'un oncle dont elles avaient tout à craindre, en restant plus long-temps en son pouvoir. On les fit mettre au couvent, et cet infâme calomniateur fut condamné à un mois de prison.

Mais cette perfidie mérite à peine d'être racontée, en comparaison de toutes les horreurs que nous entendons citer à la Commission militaire, dont j'ai le malheur de faire partie. Je remets à vous en parler une autre fois.

LETTRE VII.

Commissions militaires établies en Calabre. — Anecdotes diverses.

Cosenza, 26 janvier 1808.

Depuis que l'ordre est entièrement rétabli en France, on y a oublié jusqu'au nom de Commission militaire. Veuille le ciel la préserver à jamais de ce tribunal redoutable qui exerce ici la plus terrible influence ! Il fut établi dans les principales villes de Calabre, lors de l'insurrection générale qui éclata après la perte de la bataille de Saint-Euphémie. Cette violente mesure fut jugée nécessaire pour réprimer le brigandage, qui, soutenu par les Anglais et encouragé par la plupart des habitans, faisait journellement périr un grand nombre de Français, et aurait fini par occasionner une nouvelle insurrection.

Peu de temps après cette institution, le gouvernement eut recours à un autre expédient qui fut loin de produire les heureux résultats qu'on en devait attendre. Ce fut la création d'une garde nationale (dite garde civique) dont les emplois d'officiers furent donnés aux principaux propriétaires intéressés au maintien de la tranquillité publique, pour la conservation de leurs biens souvent dévastés par les brigands. On pensa qu'ils pourraient puissamment contribuer au maintien de l'ordre en agissant de concert avec les troupes françaises. Le choix des hommes qui devaient composer les compagnies fut laissé au libre arbitre de ces officiers. Ensuite, par une ordonnance proclamée et affichée dans tout le pays, le port d'arme fut interdit sous des peines sévères à tous ceux qui ne seraient point inscrits sur les contrôles de la garde civique. Les Calabrois, étant généralement passionnés pour la chasse, et habitués à sortir toujours armés, protestèrent à l'envi de leur attachement pour le gouvernement, et briguèrent l'insigne faveur de faire partie de cette garde; mais le nombre étant très-limité dans chaque commune, il s'établit une rivalité et une scission qui occasionna journellement les plus grands désordres. On voit d'une part arrogance, vexation, abus de pouvoir pour chercher à perdre ses ennemis personnels, en les accusant des crimes qui sont du ressort de la Commission militaire; de l'autre, vengeance et union avec les brigands pour dévaster les propriétés de ceux dont on a à se plaindre.

Ce conflit de tant de passions, ce dédale inextricable d'odieuses intrigues, de noires machinations, rend la position des juges de la Commission militaire aussi pénible qu'embarrassante. Les prisons de Cosenza ont été encombrées au point qu'il s'y est manifesté un commencement d'épidémie qu'on a craint de voir se répandre dans la ville, ce qui a forcé de prendre le parti d'en extraire une foule de jeunes gens qui, en raison de leur âge, peuvent mériter quelque indulgence. Cette mesure ayant également eu lieu dans toutes les prisons de la Calabre, il en est sorti des milliers d'individus que l'on conduit à Naples enchaînés comme des galériens, et escortés par des détachemens français. Ces jeunes gens, dont la plupart ont long-temps erré avec les brigands, sont répartis dans les cadres de quelques régimens napolitains nouvellement organisés, où ils n'attendront assurément que le moment d'être armés et équipés pour déserter et reprendre leur ancien genre de vie.

Après cette épuration, le rapporteur de la Commission militaire a instruit le procès des grands criminels. Ma-plume se refuse à vous présenter en détail l'affreux tableau des monstruosités et des crimes inouis dont nous entendons journellement la lecture. Un seul trait, qui porte le cachet national, suffira.

Un chef de bande, que ses cruautés ont fait surnommer *il Boia* (le bourreau), plus acharné qu'aucun de ces scélérats contre les Français qu'une déplorable destinée faisait tomber entre ses mains, exerçait sur ces malheureux des cruautés dont le détail seul fait horreur. Blessé dans une attaque, on est parvenu à le saisir, et il vient d'être condamné à mort à la satisfaction générale. Les cruautés qu'il a commises, les grands dommages qu'il a occasionnés à un riche propriétaire dont il avait précédemment gardé les troupeaux de porcs, ont engagé plusieurs habitans de Cosenza à solliciter comme une grâce qu'on exerçât sur la personne de ce misérable le même raffinement de barbarie dont il usait journellement. Il s'agissait de lui couper successivement le nez, les oreilles, les lèvres, de le martyriser enfin de mille manières, en attendant qu'on pût profiter des chaleurs pour l'exposer au soleil nu et enduit de miel, afin de lui faire expier dans les tourmens sa criminelle existence. Un grand nombre de jeunes gens de la ville n'ont pas rougi de s'offrir pour exécuter ces horreurs. Leur proposition fut rejetée avec indignation, et *il Boia* a été pendu avec plusieurs de ses associés qui sont morts, ainsi que lui, avec une indifférence qu'il ne faut pas attribuer au courage, mais bien à un inconcevable abrutissement.

Jugez du dégoût qui accompagne les fonctions que nous remplissons à la Commission militaire ! Nous sommes tenus d'assister à des séances extrêmement longues, et toujours pour y entendre le récit dégoûtant des mêmes atrocités. Le plus grand nombre des juges comprend peu l'italien; on est obligé de leur expliquer les principaux chefs d'accusation : la mine effroyable des prévenus décide le plus souvent les sentences, et peut-être arrive-t-il parfois que quelques-unes de ces figures patibulaires soient un peu légèrement condamnées.

Il ne faut cependant pas croire que nos cœurs soient endurcis et nos esprits prévenus au point de n'apporter que de la légèreté dans une matière aussi grave. Il nous arrive souvent de faire triompher l'innocence, et dernièrement encore nous avons été assez heureux pour démêler une horrible machination.

Un détachement de nos troupes, cantonné dans un village à quelque distance de Cosenza, recevait ses vivres de la commune. Le commandant de la garde civique fit arrêter le boulanger qui prépare les rations de pain, et le dénonça à la Commission militaire comme coupable d'avoir mêlé de l'arsenic dans la pâte. Trois témoins signèrent la plainte, et quelques livres de pâte déposées comme preuve authentique, soumises à une opération chimique, ont produit une substance qui n'a laissé aucun doute sur la présence de l'arsenic. Ces preuves paraissaient convaincantes, mais une foule de circonstances ont fait naître des doutes, et enfin il a été suffisamment prouvé que l'accusateur, homme singulièrement pervers, n'avait machiné cette trame odieuse que par un horrible sentiment de vengeance contre ce boulanger dont il avait voulu suborner la fille. Mandé au tribunal, il a pris la fuite avec les faux témoins, ce qui a achevé de nous convaincre.

Ne semblerait-il pas en vérité que cette Calabre, dont le sol est si souvent ébranlé, repose sur le feu des enfers, et que chaque secousse de tremblement de terre vomit sur sa surface une légion de démons?

LETTRE VIII.

Précis des événemens politiques et militaires qui se sont passés en Calabre depuis l'entrée des Français en 1806, jusqu'au commencement de 1808.

Cosenza, 19 février 1808.

Dans ma précédente lettre je vous parlais de la bataille de Saint-Euphémie dont la malheureuse issue a eu une grande influence sur le sort de ce pays. Comme j'aurai quelquefois occasion de citer les événemens militaires qui ont eu lieu avant notre arrivée en Calabre, je préfère vous en donner un aperçu général, pour éviter des digressions qui nuisent le plus souvent à la rapidité du récit. J'ai puisé ces renseignemens dans un journal exact et bien raisonné, qu'un officier d'état-major m'a confié.

L'armée française sous les ordres du maréchal Masséna, destinée à conquérir le royaume de Naples pour mettre sur ce trône le prince Joseph, entra sans résistance dans la capitale au mois de février 1806. Le roi Ferdinand et la reine Caroline s'étant réfugiés en Sicile, perdirent immédiatement leur couronne. Ce changement de dynastie appuyé par quarante mille hommes, s'opéra dans le principe sans aucune secousse. Les provinces furent occupées par nos troupes, et le nouveau souverain de cette belle contrée de l'Italie en devint en peu de temps le paisible possesseur.

Cependant Gaëte, place très-forte et très-importante par sa position, était restée au pouvoir du roi Ferdinand, tandis que son fils, le prince royal occupait encore la Calabre à la tête de dix-huit mille Napolitains. Le général Régnier marcha contre lui dans les premiers jours de mars avec son corps d'armée fort de huit mille hommes. La première rencontre eut lieu à Lagonegro. Les Napolitains en furent chassés et menés battant jusqu'à la formidable position du Campotemèse, où, favorisés par quelques ouvrages et la difficulté naturelle des lieux, ils auraient pu opposer la plus forte résistance.

Cependant le prince royal, voyant ses troupes peu disposées à essuyer le choc des Français, évacua tous ses retranchemens après un léger combat, abandonnant une partie de son artillerie, un grand nombre de prisonniers. Il fut enfin réduit à s'embarquer pour la Sicile sans pouvoir opposer la moindre résistance dans les passages difficiles où quelques milliers d'hommes déterminés pourraient arrêter une nombreuse armée. Quinze jours suffirent au général Régnier pour occuper toute la Calabre. La terreur inspirée par les Français était telle, que, si à cette époque il eût été possible de disposer de dix à douze mille hommes, on eût pu facilement s'emparer de la Sicile; les Anglais n'étant point alors assez en force pour s'y maintenir, tandis qu'à présent ils en occupent toutes les places fortes, et y sont établis de manière à opposer la plus vive résistance.

Nos troupes, accueillies en apparence avec des démonstrations de bienveillance, jouissaient en Calabre d'une trompeuse sécurité, lorsqu'une flotte anglaise sortie des ports de Sicile, débarqua le 1er juillet 1806, un corps de huit mille hommes dans le golfe de Saint-Euphémie.

Le général Régnier ayant promptement réuni une partie de sa division, observait des hauteurs de Maida, les mouvemens que pourraient faire les Anglais. Voyant qu'ils restaient dans l'inaction à proximité de leurs vaisseaux, il se décida à aller les attaquer dans la plaine, espérant qu'en les forçant à se rembarquer, il étoufferait dès son principe l'insurrection qui éclatait de toute part en Calabre, et qui se combinait avec l'opération des Anglais, commandée par le général Stuart. Outre la supériorité du nombre, ils avaient débarqué une formidable artillerie et ils étaient flanqués et soutenus par le feu de leurs bâtimens légers rapprochés de la côte jusqu'à portée de mitraille.

Les Français au nombre de quatre mille cinq cents hommes et n'ayant qu'une seule batterie d'artillerie légère, se présentèrent à ce combat inégal avec leur intrépidité ordinaire. Foudroyés par un feu terrible avant même de pouvoir se déployer, leurs efforts devinrent inutiles. D'ailleurs l'attaque manquait d'ensemble, et on avait commis la faute grave d'engager le combat sans avoir suffisamment reconnu la position des Anglais couverts par des fossés et d'épaisses broussailles. Le général Régnier voyant que la première brigade était écrasée, et n'ayant point assez de force pour la faire soutenir, fut obligé d'ordonner la retraite, laissant mille cinq cents morts ou blessés sur le champ de bataille. Ce funeste combat, livré le 4 juillet 1806, fut le signal de l'insurrection générale de la Calabre.

On reproche au général Régnier d'avoir quitté l'excellente position qu'il occupait sur les hauteurs pour attaquer l'ennemi dans la plaine, dont l'insalubrité bien reconnue suffisait seule pour détruire l'armée anglaise. Le fait est, que peu de jours après ce combat où les Anglais perdirent du monde, les fièvres pernicieuses dont ils furent atteints, les forcèrent à regagner la Sicile.

J'ai ouï dire à quelques officiers supérieurs, que des motifs personnels au général français l'emportèrent sur sa prudence ordinaire. Se trouvant en présence du général

Stuart, qui, pendant la dernière campagne en Egypte avait remporté des avantages sur lui, l'hésitation de son adversaire à venir l'attaquer lui fit craindre de perdre l'occasion de prendre une revanche honorable, et le combat fut décidé contre l'avis de plusieurs généraux.

On est assez ordinairement porté à juger les événemens d'après leurs résultats. Si le général Régnier eût remporté l'avantage, on eût préconisé sa hardiesse, son habileté; vaincu, on cherche à lui trouver des torts. Tout en vous rapportant les différens jugemens portés sur cet événement, le plus important de ceux qui aient encore eu lieu dans ce pays, il est cependant équitable de penser que le général Régnier, homme sage et habile, a été décidé à ce mouvement par suite de l'explosion insurrectionnelle qui se manifestait autour de lui.

Les débris de la division française, quoiqu'entourés d'une nuée d'insurgés, exécutèrent heureusement une retraite qui fût devenue bien difficile, s'ils eussent été harcelés par les Anglais. Le général Régnier suivit lentement les côtes du golfe Adriatique, en passant par Catanzaro, Cotrone, Rossano, et vint prendre position à Cassano, sur le revers du Campotémèse, en attendant l'arrivée des renforts que le maréchal Masséna conduisait en personne après la prise de Gaëte. La reddition de cette place, vaillamment défendue pendant trois mois par le prince de Hesse-Philipstadt, était un événement fort heureux dans ces circonstances.

Aussitôt après l'arrivée du maréchal, la Calabre fut de nouveau envahie sur tous les points, à la suite de quelques combats, où les insurgés, abandonnés des Anglais, n'osant s'exposer à des attaques régulières, se bornaient à disputer tous les passages, qu'il fallut enlever en essuyant des pertes considérables. Tous leurs efforts devinrent inutiles. On désarma les villes et les villages; on fit de nombreuses arrestations, et on établit des commissions militaires qui condamnèrent à mort les principaux chefs de l'insurrection. Tous les endroits qui voulurent opposer quelque résistance furent pillés, incendiés. Le despotisme militaire le plus rigoureux s'établit partout. Les Calabres furent conquises, mais non soumises.

Cependant les violentes mesures qu'on fut forcé d'employer intimidèrent les habitans, et il ne resta plus que des bandes éparses, réfugiées sur les hautes montagnes, et devenues un ramassis de brigands atroces, qui depuis lors pillent et massacrent indistinctement tout ce qui est à leur convenance.

Les insurgés restèrent néanmoins encore maîtres de quelques châteaux. Celui d'Amantea opposa la plus vigoureuse résistance. La première tentative pour s'en emparer fut repoussée avec une perte considérable, et il fallut entreprendre un siége régulier qui dura vingt-cinq jours. La place de Cotrone, revêtue d'une bonne enceinte, exigea également un siége qui devint meurtrier pour nos soldats en raison des maladies qui les accablèrent.

Après la reddition de ces deux places, les troupes furent employées à poursuivre ces bandes errantes qu'on ne peut atteindre qu'après des fatigues inouies ; chassées d'un côté, elles se portent subitement sur un autre point ; souvent on croit les avoir détruites par de vigoureuses attaques bien combinées, mais peu de temps après elles reparaissent en plus grand nombre, étant alimentées par les bandits envoyés de la Sicile, et encouragées par quelques malveillans qui, n'osant plus se mettre à la tête d'une nouvelle insurrection, soutiennent clandestinement ce brigandage dans l'intention de détruire les Français en détail.

Cependant les Anglais durant leur dernière invasion s'étaient emparés du fort de Reggio et du château de Scylla, où 150 soldats infirmes, commandés par un chef de bataillon du génie, opposèrent une résistance héroïque. L'ennemi ayant ainsi deux points de débarquement assurés, fit une nouvelle tentative avec un corps composé de 6000 Siciliens, commandés par ce même prince de Hesse-Philipstadt, qui s'avança sur Montéléone. Le général Régnier ayant promptement réuni quelques bataillons, l'attaqua près de Miletto, le 28 mai 1807, avec des forces bien inférieures, et le mit dans une déroute complète. Vivement poursuivi par deux chasseurs du 9ᵉ régiment, le prince de Hesse ne dut son salut qu'à la vitesse de son cheval. Il regagna avec peine la Sicile, abandonnant une partie de son artillerie et un grand nombre de prisonniers.

Après cette victoire, réellement décisive, en ce qu'elle déjoua tous les projets insurrectionnels prêts à éclater de nouveau, la division française s'avança vers l'extrémité de la Calabre. Le fort de Reggio se rendit à discrétion, afin d'éviter d'être enlevé d'assaut, et on bloqua par terre le château de Scylla, occupé par un détachement anglais. Pour être maître de toute la côte, il était essentiel de leur enlever ce fort situé à l'entrée du détroit de la Sicile. Cette opération exigeait des pièces de gros calibre, il a fallu les faire venir de Naples par mer, au risque de les voir capturées par les Anglais, qui en ont enlevé un grand nombre. Cependant, à force de travaux et de persévérance, toutes les difficultés ont été surmontées, et le corps de la place, après avoir été battu en brêche, vient d'être enlevé par un coup de main des plus hardis. Les Anglais ont à peine eu le temps de se jeter dans leurs embarcations pour gagner la Sicile.

Le général Régnier ayant ainsi couronné l'œuvre, quitte le commandement de la Calabre, et doit être remplacé par le général de division Maurice-Mathieu.

Nous nous attendons à faire très-prochainement un mouvement en avant. Il doit arriver quelques bataillons de Naples, et on parle même d'un projet de descente en Sicile.

LETTRE IX.

Route de Cosenza à Nicastro. — Description du golfe de Saint-Euphémie. — Le chef de brigands Benincasa.

Nicastro, 27 février 1808.

Nous avons enfin retrouvé l'Italie, son beau climat, ses belles productions; et cette transition est d'autant plus frappante, qu'habitués à ne voir depuis notre entrée en Calabre, que des montagnes couvertes de frimas, et des vallées envahies par les eaux, nous nous trouvons transplantés, comme par enchantement, dans le jardin des Hespérides.

Partis de Cosenza le 22, nous arrivâmes le même jour à Rogliano, où toutes les compagnies se trouvèrent réunies. Le lendemain nous descendîmes par un escalier tournant dans cette profonde vallée, dont je crois déjà vous avoir parlé. Le bataillon formait avec sa suite une longue file d'hommes, de chevaux, de mulets, qui, serpentant en tout sens sur les flancs de cette côte escarpée, présentaient l'effet d'une vaste décoration théâtrale. On passe le torrent qui mugit dans le fond de cet abîme, sur un mauvais pont appuyé à un sentier, qui, après mille détours où l'on se voit souvent suspendu sur d'affreux précipices, vient aboutir au sommet d'une haute montagne. La neige, qui séjourne tout l'hiver sur ce terrain, étant durcie et fort glissante, augmente le danger de ce pénible trajet, heureux encore lorsqu'on parvient à le faire sans tomber dans quelque embuscade.

Les soldats, marchant sur un seul rang, suivaient silencieusement tous les circuits de ce grand labyrinthe, et en étaient sortis sans aucun accident, lorsque l'escorte de nos équipages, arrivée à un passage étroit taillé dans un roc escarpé, fut inopinément assaillie par une décharge qui blessa plusieurs hommes; mais par bonheur une partie de cette escorte où se trouvait l'officier, n'étant point encore engagée dans ce coupe-gorge, gravit rapidement sur la hauteur où les brigands étaient embusqués, et les mit en fuite. Nous devions d'autant moins nous attendre à cette fâcheuse surprise, que l'avant-garde, chargée de reconnaître les hauteurs, n'avait donné aucun avis. C'est probablement un guet-apens de Francatripa, qui doit avoir une ancienne rancune contre nous.

Les Français sont réellement heureux de n'avoir affaire dans ce pays qu'à de lâches bandits, car, si l'insurrection s'y organisait, les habitans, en profitant des grands avantages que la difficulté du terrain présente à chaque pas, parviendraient presque sans danger à nous détruire en détail.

Après sept heures de marche, le bataillon arriva à Scigliano, chef-lieu d'un canton hérissé de montagnes et de forêts. Le lendemain, à notre départ pour Nicastro, le verglas avait rendu le chemin tellement glissant, que l'on pouvait à peine se soutenir en descendant dans une gorge très-profonde, fermée par une montagne escarpée dont il faut atteindre le sommet en suivant un sentier étroit, rapide. Le verglas avait rendu ce sentier tellement glissant, que les mulets ne pouvant l'escalader avec leurs charges, les soldats portèrent avec bien de la peine les bagages jusque sur la plate-forme qui couronne la hauteur.

Nous entrâmes ensuite dans la plaine de Sauveria, et nous fîmes une longue halte près d'une grande maison toujours occupée par un détachement français destiné à fournir les escortes et à maintenir les habitans des villages voisins, généralement adonnés au brigandage. Les murs de ce bâtiment sont crénelés, et les avenues défendues par des revêtemens palissadés. Un cruel événement, survenu le jour même de la bataille de Saint-Euphémie, rend ces précautions nécessaires. La compagnie qui occupait ce poste se trouvant abandonnée par suite de la retraite du général Régnier, fut assaillie par toute la population des environs, et après avoir épuisé tous ses moyens de défense, elle fut massacrée en entier sans qu'il en échappât un seul homme.

Au sortir de cette plaine, où le froid était très-vif, nous montâmes une hauteur qui tout d'un coup développa à nos regards la plus ravissante vue. Un vaste horizon, terminé par la mer, et éclairé par le soleil couchant dont les rayons coloraient toute l'étendue du beau golfe de Saint-Euphémie, nous offrait un tableau d'autant plus enchanteur, qu'il contrastait admirablement avec la contrée sauvage que nous venions de parcourir. Ce magnifique et brillant spectacle nous fit oublier toutes les fatigues de la journée, et les soldats, que cette pénible marche avait rendus moroses et taciturnes, retrouvèrent leur gaieté habituelle.

Sur le revers de la côte, nous passâmes près du joli village de *Platania*, dont les habitans (d'origine albanaise) vinrent au-devant de nous d'un air affable, et nous charmèrent autant par leurs manières que par l'élégance de leurs vêtemens. C'était la première fois que, loin de fuir à notre approche, le peuple de ces contrées nous donnait quelques démonstrations amicales. A mesure que nous descendions, le froid diminuait sensiblement; bientôt nous trouvâmes des oliviers, heureux présage d'un climat doux et tempéré, et vers le déclin du jour le bataillon entra dans

Nicastro, savourant avec délices l'odeur balsamique des orangers et des citronniers.

Nicastro est un gros bourg assez bien bâti, situé à l'entrée de la Calabre citérieure. Les collines boisées qui l'environnent en grande partie, et les tours élevées d'un vieux château qui le dominent, présentent un site romantique des plus gracieux.

Nous avons passé deux jours à parcourir le golfe qu'il nous importe de bien connaître. Les montagnes dont il est entouré forment, en se prolongeant vers la mer, d'un côté, le cap Suvero, et de l'autre, la pointe sur laquelle la petite ville de Pizzo est bâtie. Cette enceinte, qui peut avoir vingt-cinq milles de circuit, est en partie occupée par une épaisse forêt, et traversée par deux rivières, l'Angitola et l'Amato, dont les eaux ayant peu d'écoulement, rendent le terrain marécageux, et entretiennent un air humide, épais, favorable sans doute à la végétation, mais singulièrement malsain pendant les chaleurs. La partie qui n'est point submergée, produit en abondance du blé de Turquie dont les habitans font leur principale nourriture. Il y a de grandes plantations de riz dans les bas-fonds, et on nous a fait remarquer des cannes à sucre parfaitement bien venues. Des oliviers, montés comme des arbres de haute futaie, couvrent les terrains un peu élevés, et produisent tous les deux ans d'immenses récoltes, mais l'huile en est de fort mauvais goût, et ne peut s'employer que dans les fabriques. Un grand nombre de fermes et de jolies maisons de campagne sont répandues sur toute la plaine, et principalement dans le voisinage de Nicastro. Ces propriétés, entourées d'orangers et de citronniers, font un effet réellement enchanteur.

Cette belle contrée, qui pourrait être assainie en facilitant l'écoulement des eaux, ne connaît point les rigueurs de l'hiver. Aussitôt que les pluies d'automne ont cessé, la température la plus douce et la plus égale en rend le séjour délicieux. Les montagnes, où l'on voit un grand nombre de villages et d'habitations, présentent un aspect singulièrement gracieux, et, au moyen des sources qui jaillissent de toute part, ces terrains fourniraient des récoltes abondantes et variées, si les habitans savaient tirer parti des bienfaits que leur offre cette belle nature.

J'ai parcouru avec un grand intérêt le mémorable champ de bataille de Saint-Euphémie; je dis mémorable, parce qu'on en parle beaucoup dans ce pays, et il me paraît, d'après le simple aperçu des localités, qu'il eût été plus convenable de laisser agir le climat, dont la maligne influence, au mois de juillet, aurait suffi pour détruire l'armée anglaise.

A cinq milles de Nicastro, on trouve le misérable village de Saint-Euphémie, bâti sur les ruines de l'ancienne ville qui a donné son nom au golfe. Elle était considérable, et fut détruite en 1638 par un affreux tremblement de terre qui convertit ses belles campagnes en un lac fétide.

Il me reste maintenant à vous parler de l'éternel fléau de ces contrées, c'est-à-dire du brigandage. Le bois de Saint-Euphémie est généralement connu pour en être le foyer le plus actif. C'est de ce point que partent principalement les intelligences que les Anglais entretiennent avec les nombreuses bandes répandues sur toute la surface des deux provinces. La facilité des débarquemens les a sans doute engagés à donner la préférence à ce lieu attenant à une haute montagne très-boisée, dont les communications sont assurées avec celles de l'intérieur du pays. Cette forêt, extrêmement épaisse, et entourée de marais, est un labyrinthe mystérieux dont les brigands seuls peuvent saisir le fil; les avenues en sont soigneusement cachées par des broussailles tellement impénétrables lorsqu'elles sont défendues, que nos troupes n'ont jamais pu s'y frayer un chemin.

Un vieux scélérat, nommé Benincasa, le plus renommé de tous les brigands calabrais, est le chef des bandes nombreuses qui habitent ce dangereux séjour. Couvert de meurtres et d'atrocités long-temps avant l'arrivée des Français, il n'avait pu échapper aux poursuites de la justice qu'en se réfugiant dans ce bois, et en ralliant autour de lui une horde nombreuse d'assassins. L'automne dernier on a voulu essayer de détruire cet affreux repaire, et pour y parvenir, on se décida à traiter avec Benincasa, et à lui faire, ainsi qu'à ses complices, de grands avantages ; mais les travaux furent dirigés avec tant de lenteur et si peu d'intelligence, que rien d'essentiel n'était encore achevé, lorsque ces brigands, craignant de perdre leur refuge, se mirent de nouveau en campagne après avoir commis tous les désordres et toutes les atrocités imaginables.

L'habitude d'une vie licencieuse et d'une indépendance sauvage et féroce innée dans l'âme des paysans Calabrais, a constamment rendu inutiles toutes les amnisties qu'on a trop souvent renouvelées, ainsi que tous les moyens de douceur et de persuasion dont on a voulu faire usage; ils regardent la condescendance comme un piége ou comme une preuve de faiblesse, et les voies de rigueur sont les seules à employer contre eux.

Vous voyez que nous n'avons pas perdu de temps pour connaître le pays, ce qui est d'autant plus essentiel que le bataillon est placé ici pour observer les mouvemens qui pourraient avoir lieu dans toute l'étendue du golfe. On craint que les Anglais n'y opèrent un nouveau débarquement dans le but de faire une diversion aux préparatifs de descente qui se suivent très-activement sur les bords du détroit. Mais comme la Sicile ne peut être enlevée par un coup de main, il n'est point probable qu'avec sept ou huit mille hommes campés entre Reggio et Scylla, on puisse avoir l'idée chimérique de faire cette difficile conquête. Nous ne pouvons trop pénétrer les motifs de tous ces mouvemens. En attendant, les officiers d'ordonnance allant et venant de Naples au quartier-général, se succèdent avec une extrême rapidité, les brigands se montrent audacieusement, le trouble et l'agitation règnent dans tous les esprits, et nous avons besoin de redoubler de surveillance et d'activité pour être prêts à tout événement.

LETTRE X.

Situation des Français à Nicastro. — Inimitié des habitans. — Événemens survenus pendant notre séjour dans cette ville.

Nicastro, 20 mars 1808.

Un aide-de-camp du roi qui a passé ici il y a trois jours, a fait cesser nos conjectures sur ce singulier projet de descente en Sicile. Le but était d'attirer l'attention des Anglais sur ce point pour faire passer à Corfou des vivres et un renfort de troupes qui attendait à Otrante l'arrivée d'une escadre venant de Toulon. Ce plan a parfaitement réussi, les Anglais ont diminué leurs croisières dans l'Adriatique pour rapprocher leurs bâtimens de la Sicile; le convoi est parvenu très-heureusement à sa destination, et tous les préparatifs de descente vont cesser.

Mais si le passage de cet officier a satisfait notre curiosité, il a manqué de nous devenir bien funeste. Le 17, jour de son arrivée, les compagnies formant la garnison de Nicastro avaient fourni un si grand nombre de détachemens, principalement pour escorter les percepteurs des contributions, qu'il ne nous restait plus que cinquante hommes de disponibles. L'aide-de-camp en prit trente pour son escorte à Montéléone, si bien que nous restâmes avec quarante hommes en y comprenant ceux de service, les ordonnances et les écloppés.

Le commandant n'étant pas sans inquiétude sur notre situation, très-momentanée à la vérité, mais dont cependant les brigands pouvaient être tentés de profiter, eut l'heureuse inspiration de nous réunir tous pour passer la nuit dans une chapelle attenante à l'Eglise qui sert de caserne à nos soldats. Après avoir renforcé le poste de la prison, fait quelques patrouilles, et nous être bien barricadés, une partie de nous dormait profondément, lorsque, vers le milieu de la nuit, des coups de fusil et des cris épouvantables nous réveillèrent en sursaut. Tous les brigands du voisinage s'étaient portés en foule vers la prison, dans l'espoir de délivrer leurs parens détenus comme ôtages. Mais la garde, commandée par un officier, fit à bout portant un feu meurtrier qui ralentit leur ardeur.

Comme il était à présumer qu'ils viendraient également attaquer *la caserne*, le commandant nous proposa de les prévenir en marchant à leur rencontre. Nous sortîmes au nombre de dix-sept, armés de pied-en-cap. La nuit et le tumulte permettant d'approcher sans être aperçus, nous fîmes à demi-portée une décharge sur un groupe nombreux qui à l'instant même prit la fuite, saisi d'une terreur panique, laissant plusieurs morts et blessés sur la place. Nous n'avons pas eu à regretter la perte d'un seul homme.

Ces bandits, avec un peu de résolution, nous eussent mis dans un embarras d'autant plus grand, que les habitans de Nicastro ont semblé par leur coupable inaction vouloir favoriser cette surprise. D'après le rapport sur cette affaire, ils doivent s'attendre à être traités très-rigoureusement. Mais si notre sûreté exige qu'on les rende en quelque sorte responsables de cet événement, il est cependant juste de convenir que la situation des propriétaires de cette contrée est déplorable au dernier point. Indépendamment des haines et des inimitiés si communes en Calabre, ils se portent les uns contre les autres à des moyens odieux de vengeance dont les brigands sont les exécuteurs. Benincasa, protecteur naturel de tous les ennemis des Français, et destructeur redoutable des propriétés de ceux qui semblent les accueillir, s'est établi l'arbitre des opinions et de la conduite politique des particuliers. Semblable à une bête féroce, il sort la nuit de son repaire, et le jour vient éclairer une nouvelle perfidie, un nouveau désastre. Les propriétaires ne peuvent se soustraire à cette pénible situation, qu'en usant de grands ménagemens envers les brigands, et en se soumettant secrètement à leurs réquisitions en vivres et en argent. D'un autre côté, cette conduite leur attire nécessairement une sévère surveillance de la part des commandans français, qui, les accusant d'être auteurs et complices du brigandage, les font souvent emprisonner.

Privés de tout renseignement exact, entourés de piéges et de perfidies, il nous devient impossible d'adopter aucune mesure pour tranquilliser le pays : notre sûreté étant constamment compromise, nous sommes obligés de redoubler de surveillance et d'activité, ce qui fatigue à l'excès nos pauvres soldats dont le dénuement s'accroît chaque jour.

Depuis le 1er janvier nous ne touchons ni solde ni appointemens; et nos hommes subsistent uniquement au moyen des rations de vivres qui sont très-insuffisantes et de mauvaise qualité. Comme ils sont constamment en mouvement, toutes les ressources pour renouveler et entretenir leur chaussure ont été bientôt épuisées, et maintenant ils sont pour la plupart réduits à adopter celle des paysans, qui consiste en un morceau de peau de porc ficelé en forme de sandale au-dessus de la cheville du pied.

Les officiers relégués loin de leur patrie sur cette terre inhospitalière, où leurs familles ne peuvent hasarder de leur faire parvenir des secours, éprouvent de grandes privations, et n'ont d'autre ressource pour exister que la table des officiers commandant, fournie par les communes. La Calabre n'ayant point d'auberges, les officiers de passage et tous les employés militaires viennent prendre chez les commandans des repas assez mauvais, mais toujours assaisonnés de bon vin et d'un fonds de gaieté inépuisable.

Etant sans aucune ressource sociale dans ce pays, forcés d'y vivre toujours entre nous, il ne reste d'autre délassement que celui de la table, dont nous prolongeons le plaisir. Notre temps est cependant entrecoupé par de fréquentes excursions, et il survient tant d'incidens en tout genre, que les journées s'écoulent sans une trop grande monotonie, Mais toutes nos pensées et nos conversations se reportent sans cesse vers notre chère patrie, dont nous recevons bien rarement des nouvelles. Nos lettres doivent parvenir avec plus de sûreté, au moyen des occasions particulières qui se présentent fréquemment pour Naples. Dès le commencement du siége de Scylla, et principalement depuis les derniers préparatifs qui semblaient dirigés contre la Sicile, les brigands, excités par les Anglais, s'attachent plus particuliérement à arrêter les courriers, auxquels il survient fréquemment des aventures tragiques. Il n'y a pas huit jours que nous avons eu le malheur d'en éprouver une bien cruelle et absolument semblable à celle dont nous fûmes presque les témoins en entrant en Calabre.

Le courrier de Naples, attendu depuis long-temps, était enfin arrivé sain et sauf jusqu'ici. Sa présence avait excité la plus vive joie par l'espoir de recevoir des nouvelles de nos familles. L'escorte de ce courrier, composée d'un sergent et de quinze voltigeurs, fut de suite commandée pour le conduire à Montéléone où se trouve la poste militaire. Elle se joignit à huit chasseurs et un brigadier retournant au quartier-général, et qui malheureusement, au lieu de suivre le courrier, le devançaient d'un mille, lorsqu'en reconnaissant l'entrée d'un ravin, trois voltigeurs, précédant l'escorte, ont à peine le temps de donner l'alarme, qu'ils tombent sous les coups des brigands; en même temps, le détachement se voit enveloppé de toute part; le sergent, le courrier, huit voltigeurs sont tués, et cinq hommes, échappés seuls à ce massacre, vinrent en courant nous en donner les tristes détails. Le commandant, consultant plutôt l'impulsion de son cœur que l'espérance de rejoindre ces bandits, me fit aussitôt partir avec un détachement. Arrivé sur ce champ de carnage, je trouvai nos malheureux soldats baignés dans leur sang, et ne donnant plus aucun signe de vie. Les valises avaient été éventrées, et une multitude de lettres déchirées et empreintes de sang étaient éparses sur le terrain. Après avoir vainement parcouru tous les environs, je rentrai à Nicastro, déplorant de toute mon âme la perte de nos braves soldats, victimes de cette horrible guerre.

Le brigandage est réellement porté au plus haut point dans cette contrée. Toute promenade au-dehors nous est interdite. Confinés dans l'étroite enceinte de ce bourg dont les habitans donnent avis de nos moindres mouvemens, nous ne pouvons en sortir sans escorte. Heureusement que nos généraux ont pour principe de ne laisser jamais long-temps les troupes dans la même station, et comme celle de Nicastro est reconnue pour être une des plus fatigantes, nous espérons quitter bientôt ce séjour qui serait un vrai paradis, s'il n'était habité par des diables.

LETTRE XI.

Ville de Montéléone. — Agrément de ce séjour. — Mœurs de ses habitans.

Montéléone, 5 avril 1808.

Bien que notre existence à Nicastro devînt de plus en plus intolérable, il n'était pourtant nullement convenable de demander d'en sortir; c'est cependant ce que nous avons obtenu au moyen de quelques connaissances à l'état-major, qui nous ont si bien servi, que le bataillon a reçu l'ordre de se rendre à Montéléone, le plus agréable séjour que j'aie encore connu en Calabre. Nous pouvons du moins nous promener librement et sans craindre de fâcheuses rencontres. Mais ces environs sont loin d'avoir l'aspect riant qu'offre la partie de la plaine de Saint-Euphémie qui avoisine Nicastro. Le 29 mars, jour de notre départ, elle semblait s'être parée avec un raffinement de coquetterie pour nous laisser des regrets. Le chemin était jonché des fleurs qu'un printemps précoce faisait déjà tomber des arbres ; nous passions entre des haies de lauriers, de myrtes, de jasmins, de grenadiers. Des feuilles hâtives se développaient de toute part, et recevaient des milliers d'oiseaux sous leur ombrage naissant. Mais ce charme cessa dès que nous eûmes atteint les bords incultes et marécageux de l'Amato. Cette rivière se divise en plusieurs branches, et coule sur un fond de vase, ce qui en rend le passage dangereux. On commence à y construire des ponts en bois qu'il est bien à désirer de voir promptement terminés. Les muletiers, connaissant les passages, ouvrirent la marche, et nous parvînmes à l'autre bord sans autre accident que celui qui survint à un officier, qui, ayant brusqué sa monture indocile en sortant de l'eau, la fit dévier du chemin, et fut au moment d'être englouti dans la fange. Le mulet, faisant de vains efforts pour en sortir, s'enfonça, de manière qu'en peu d'instans, on n'aperçut plus que sa tête et sa queue. L'officier parvint, non sans peine, à se débarrasser, mais il fallut employer les planches et les poutres destinées à la construction du pont, pour pouvoir approcher et déterrer le mulet.

On traverse ensuite une forêt de chênes et de liéges qui aboutit à un vaste bâtiment nommé *Fondaco-del-Fico*, tombant en ruines de toute part, et formant une horrible taverne parée néanmoins de la pompeuse enseigne *hosteria di Cicerone* (auberge de Cicéron.) Curieux de savoir par quel rapprochement ce nom illustre pouvait se trouver dans un lieu aussi dégoûtant, j'ai appris à Montéléone qu'il avait anciennement existé près de là une ville nommée *Hipponium*, maintenant ensevelie sous la mer, et que Cicéron s'y étant réfugié lorsqu'il quitta Rome pour se soustraire aux poursuites de Clodius, avait habité le *Fundus sicœ*, aujourd'hui *Fundaco-del-Fico*, d'où sont datées plusieurs de ses lettres à Atticus.

Cette contrée était célèbre dans l'antiquité pour les brillantes fictions de la fable. Les anciens poëtes rapportent que Proserpine, cette aimable fille de Cérès, venait habituellement du mont Enna en Sicile, dans les riantes plaines d'Hipponium, pour y présider aux moissons, et cueillir, entourée d'un essaim de jeunes beautés, les fleurs qui émaillaient ces campagnes, alors délicieuses; désertes maintenant en raison des marais infects qui en rendent le séjour un des plus malsains de toute la Calabre.

Après deux heures de marche, sur un terrain aride et sablonneux, le bataillon fit une longue halte au-delà de l'Angitola. Alphonse, duc de Calabre, avait fait planter sur ses bords une grande quantité de cannes à sucre, d'où proviennent probablement celles que l'on trouve encore éparses dans la plaine. Cette rivière sort d'un beau vallon très-boisé, et coule au pied des hauteurs sur lesquelles Montéléone est situé. Nous y arrivâmes à la chute du jour après une marche de douze heures, car cette étape est de vingt-huit milles, ce qui équivaut à neuf bonnes lieues de France.

Montéléone est bâti sur un monticule qui domine un vaste plateau très-élevé, situé entre le golfe de Saint-Euphémie, celui de Gioia, la chaîne des Apennins et la mer. Un grand et magnifique tableau s'offre de toute part à la vue qui repose au loin sur le sommet vaporeux et bleuâtre de l'Etna. L'aspect de cette petite ville, surmontée d'un château entouré de beaux arbres, est aussi gracieux que pittoresque. Sa population est de sept mille âmes. Il y a quelques rues bâties régulièrement, et ornées de belles maisons. Les hautes montagnes, couvertes de forêts qui s'élèvent majestueusement près de la ville, la garantissent des vents du nord et des frimats. Les sources qui jaillissent du pied de ces montagnes, et fertilisent la campagne environnante, tempèrent la grande chaleur de l'été, et rendent cette ville très-agréable à habiter en toute saison.

Le quartier-général du commandant en chef est habituellement placé à Montéléone, point central de toutes les opérations militaires. L'intendant et les principales autorités civiles de la province y étant également fixées, concourent à en rendre le séjour vivant et agréable.

J'ai le bonheur d'être logé chez un fort digne ecclésiastique qui, après avoir été long-temps professeur d'histoire à l'université de Bologne, s'est retiré à Montéléone, son pays natal ; il possède une belle bibliothèque, et il s'est principalement étudié à recueillir tout ce que les historiens anciens et modernes ont écrit sur la Calabre, ce qui me donnera la facilité d'avoir les renseignemens les plus exacts et les plus intéressans. Tous les hommes de la ville qui ont de l'instruction et du mérite recherchent sa société ; j'en suis parfaitement accueilli en raison de l'éloge que je fais de leur pays et du désir que je témoigne de le connaître.

En général, les habitans de cette province méritent d'être distingués de ceux de la Calabre citérieure. Il règne parmi eux moins de préjugés, de barbarie, et conséquemment moins de penchant au brigandage. Le terrain étant infiniment moins montagneux, facilite les communications. Les côtes étant plus accessibles et plus rapprochées de la Sicile, rendent les relations plus actives avec Messine et Palerme, ce qui nécessairement a dû introduire plus de lumières et d'urbanité. On s'en aperçoit principalement dans le commerce des femmes, qui ont plus d'usage du monde en raison de ce qu'elles jouissent d'une grande liberté.

Mais ce qui me charme par-dessus tout dans cette ville, est de ne plus entendre parler de ces déplorables scènes de brigandage dont j'ai dû si souvent vous entretenir. Je compte profiter de cette heureuse situation pour parcourir le pays, en commençant par accompagner le commandant dans la tournée qu'il va faire des cantonnemens qu'occupent nos compagnies.

LETTRE XII.

Excursion à Nicotera, Tropea, Pizzo. — Description de ces villes et de leurs environs.

Montéléone, 17 avril 1808.

Nous partîmes le 10 avril au matin pour Nicotera, formant une bande joyeuse de six personnes bien montées et bien armées. On traverse pour s'y rendre une plaine couverte des plus riches moissons, et plantée de bosquets d'oliviers, élevés comme des chênes. On rencontre peu de villages, mais un nombre considérable de fermes bien bâties et entourées de grands ormes qui sont entrelacés de guirlandes de vignes dont les ceps vigoureux grimpent jusqu'au sommet des arbres.

Le bourg de Nicotera, situé à 18 milles de Montéléone, offre de toute part une vue ravissante. Dès que le soleil commença à décliner, je découvris de mon logement les côtes très-élevées de la Sicile, dominées par l'Etna. A ma droite, j'apercevais dans le lointain les îles de Lipari, et, à l'approche de la nuit, le sommet toujours enflammé du Stromboli vint augmenter le charme de ce grand spectacle. Le temps était superbe ; les vents renfermés dans les vastes cavernes des îles Eoliennes, n'agitaient point la surface de la mer réfléchissant au loin les flammes du volcan qui semble destiné à servir de fanal pour garantir les vaisseaux des rochers et des écueils qui l'environnent.

On pense assez généralement que les îles Lipari, désignées par les anciens sous le nom *d'îles Eoliennes*, sont une création volcanique. Les changemens étonnans qu'elles ont subis à différentes époques, sembleraient l'attester. Les anciens n'en comptaient que sept, et maintenant il en existe onze, dont les sommités encore fumantes ne produisent cependant ni flammes, ni éruptions. Le *Stromboli* seul, alimenté par les matières volcaniques qui composent ces îles, est un foyer toujours actif. Virgile y place les forges de Vulcain, et c'est dans cet atelier qu'il fait fabriquer l'armure céleste d'Enée. Les anciens avaient fixé dans une de ces îles la résidence d'Eole, dieu des vents, qui les tenait enfermés dans de vastes cavernes, d'où il pouvait à son gré susciter des tempêtes, ou bien favoriser la navigation. Diodore de Sicile dit qu'un savant naturaliste nommé Eole, a donné naissance à cette fable. Ayant appris à prédire le temps par suite de ses observations sur la fumée et les autres phénomènes volcaniques, on en induisit que les vents étaient soumis à ses volontés.

Mais j'abandonne les systèmes et les fictions, pour en revenir tout simplement au récit de mon voyage.

Une partie de Nicotera est bâtie sur la descente rapide qui conduit au golfe de Gioia. Elle se compose de petites maisons basses, mal-propres, et habitées par des pêcheurs et des marins dont les vêtemens annoncent l'indigence. On trouve dans la partie haute une jolie place et plusieurs belles maisons parmi lesquelles on distingue l'évêché. Les environs sont bien cultivés, et encore couverts de débris qui attestent les ravages du grand tremblement de terre de 1783.

Je fus logé dans une jolie maison tenue avec propreté par deux jeunes demoiselles élevées à Messine où elles avaient acquis des talens et assez d'usage du monde. Leur père, veuf depuis long-temps, avait de l'affabilité, de l'instruction; il me dit avoir perdu une grande partie de sa fortune par suite du renversement de Scylla, où son père avait des propriétés considérables. Témoin de ce désastre, il m'en fit l'effroyable récit qui s'accorde entièrement avec les relations du temps.

Le 5 février 1783, on éprouva vers une heure après midi, une violente secousse qui fit précipitamment sortir une partie des habitans. S'étant réfugié avec son père sur une montagne voisine, une nouvelle secousse beaucoup plus forte que la première les jeta par terre, tout le terrain s'ébranla, les maisons s'écroulèrent de toute part, les murs épais et les tours élevées du château, arrachés de leurs fondemens, se renversèrent sur la ville, écrasèrent les maisons, et ensevelirent sous leurs débris un grand nombre de personnes qui s'y trouvaient encore. Les habitans échappés à ce premier désastre, loin de s'attendre

au nouveau danger qui les menaçait, se retirèrent sur la plage, où ils s'empressèrent de se former un abri avec les restes de leurs habitations. La mer était calme, le ciel pur et serein, il était minuit, et le sommeil si nécessaire à ces malheureux commençait à succéder aux gémissemens et aux accens du désespoir, quand tout-à-coup le promontoire de Campalla tomba en entier dans la mer, sans qu'aucun indice eût annoncé sa chute. Cette masse énorme repoussa les eaux sur la côte opposée où elles noyèrent un grand nombre de Siciliens, se refoulant ensuite avec impétuosité sur la plage de Scylla, elles engloutirent toutes les personnes qui s'y étaient réfugiées. Le jour offrit à ceux qui avaient échappé à cette terrible convulsion de la nature, une multitude de cadavres horriblement défigurés, et les tristes restes de cette infortunée population errans à l'aventure, en proie au plus affreux désespoir et à la plus cruelle misère. « Hélas Monsieur! ajouta-t-il : cette
» belle province peut d'un moment à l'autre
» voir un pareil désastre se renouveler. Nous
» sommes placés au centre des volcans les

» plus actifs, l'Etna, le Vésuve et le Strom-
» boli ont des communications souterraines
» qui menacent sans cesse notre sol. » Ses aimables filles sachant que le souvenir de cette épouvantable catastrophe le plongeait ordinairement dans une profonde mélancolie, cherchèrent à égayer le reste de la soirée en accompagnant sur la guitare de jolis airs siciliens.

Le lendemain je pris congé de cette famille intéressante. Nous envoyâmes nos chevaux à Tropea, et nous descendîmes sur la plage, d'où, en moins de quatre heures, un bateau pêcheur nous fit aborder au cap *Vaticano*, célèbre par la victoire que *Sextus Pompée* remporta sur la flotte d'Auguste. Nous prîmes terre dans une anse au-dessus de laquelle on a construit une batterie de deux mortiers et de six pièces de vingt-quatre, montées sur des affûts de côte. Un officier et trente hommes du bataillon sont chargés de la défense de ce poste, établi pour protéger le cabotage.

Ce cap est couvert de myrtes, de lauriers et des plus beaux aloës que j'aie encore vus;

il se prolonge dans la mer, et sert d'abri à un grand nombre de bateaux pêcheurs qui trouvent de petits enfoncemens où ils peuvent se garantir des vents. Nous dînâmes fort gaiement sous l'ombrage d'un carroubier, avec des poissons de toute espèce et une grande abondance de cailles. C'est maintenant l'époque où ces oiseaux de passage arrivent d'Afrique; ils sont si fatigués par cette longue traversée, qu'on peut facilement les saisir avec les mains; les pêcheurs les prennent par milliers, en tendant leurs filets le long des rochers, c'est ce qu'on appelle dans le pays la *pêche aux cailles*.

Notre intention en nous arrêtant ici était d'observer de plus près le Stromboli. Ce pic redoutable, plus élevé que le Vésuve, est à la même hauteur que le cap, à la distance seulement de quarante milles. Vers six heures du soir nous le distinguions très-clairement, et dès qu'il fit nuit, la flamme qui en sortait semblait nous en avoir entièrement rapprochés. Ce vaste incendie au milieu des eaux, produit un effet aussi surprenant qu'admirable.

Nous passâmes la nuit dans une grande maison qui sert de caserne au détachement, et le lendemain, à la pointe du jour, nous partîmes à pied pour Tropea, en suivant les bords de la mer. Après avoir fait trois milles sur une plage inculte, le terrain, en s'élargissant, présente une superbe campagne, très-bien cultivée, ornée de beaux jardins et de jolies maisons entourées de bosquets d'orangers. On entre ensuite dans une belle avenue qui conduit jusqu'à la ville. Cette charmante plaine, adossée à une montagne couverte de vignes, d'oliviers et de mûriers, est arrosée par plusieurs ruisseaux qui tombent en formant de belles cascades, et font ensuite tourner des moulins. Au sortir de cette allée, on se trouve tout-à-coup arrêté par un rocher à pic qui paraît suspendu au-dessus de la mer. La ville de Tropea, bâtie sur son sommet, fait un effet singulièrement pittoresque. Elle ne tient au continent que par une langue de terre fort étroite, anciennement défendue par un château tombé en ruines.

Le syndic nous reçut très-poliment, et

nous procura d'excellens logemens où on nous accueillit avec la plus grande affabilité. Cette belle partie de la Calabre, étant entièrement préservée du brigandage, n'a point, avec les autorités françaises, ces pénibles relations qui, en inspirant la terreur et la contrainte, bannissent tout sentiment de bienveillance. Les habitans s'empressent de parler aux étrangers de l'origine de leur ville, qu'ils attribuent à *Scipion l'Africain*. Son ancien nom de *Trophea*, devenu Tropea par corruption, provient (à ce qu'ils disent) des trophées que cet illustre Romain rapporta d'Afrique.

Il nous restait encore à visiter les deux compagnies cantonnées à Pizzo, où nous arrivâmes le 13. Cette petite ville a une très-jolie situation; son port, quoique peu sûr et peu étendu, faisait avant la guerre un commerce considérable. Les habitans, peu adonnés à l'agriculture, et réduits à un grand état de misère par la stagnation du commerce, sont très-portés à manifester leur mécontentement, ce qui oblige à y entretenir une assez forte garnison.

Le port est animé dans ce moment par le chargement d'un grand nombre de marchandises qu'on veut essayer de faire parvenir à Naples sous la protection de quelques chaloupes canonnières.

Le 15, nous étions de retour à Montéléone. Je me rappellerai toujours avec grand plaisir les points de vue enchanteurs dont je viens de jouir, les délicieuses journées de printemps qui en ont augmenté le charme, et le gracieux accueil que j'ai reçu dans tous mes logemens.

LETTRE XIII.

Voyage à Reggio. — Description de Palmi, de Scylla, du détroit de Messine. — Beauté des environs de Reggio. — Singulier phénomène, connu sous le nom de *Fata Morgana*.

Montéléone, 4 mai 1808.

J'AVAIS le plus vif désir de faire une excursion jusqu'à Reggio. Ne pouvant entreprendre d'y aller seul, j'ai obtenu la permission d'accompagner un officier du génie envoyé par le général en chef avec une escorte de chasseurs, pour visiter les travaux qui s'exécutent sur différens points de la côte. Le 24 avril, nous étions à cheval à cinq heures du matin. Arrivé de bonne heure à Nicotera, j'ai été charmé de passer la journée avec cette aimable famille qui m'a si bien accueilli à mon premier passage.

Le jour suivant, nous sommes venus coucher à Palmi. Le golfe de Gioia, que l'on suit pour s'y rendre, est traversé par plusieurs rivières qui en rendent le terrain très-marécageux et fort malsain pendant les chaleurs. Une vaste forêt, se prolongeant jusqu'à une portée de fusil du rivage, occupe la plus grande partie de sa surface, et recèle, comme le bois de Saint-Euphémie, un grand nombre de malfaiteurs; qui, semblables à des bêtes féroces, sortent inopinément de ce repaire, lorsqu'ils peuvent saisir une proie facile. Pour nous préserver des coups de fusil dont ils saluèrent fort souvent les passans, et pour éviter d'ailleurs des sables dans lesquels on enfonce profondément, nous avons suivi les bords de la mer, raffermis par les vagues, laissant à notre gauche le village de Gioia (joie), ainsi nommé peut-être, en raison du bon vin que produit la colline sur laquelle il est situé.

Palmi, bâti sur les bords de la mer, aux pieds de *Monte-Corona*, est une des plus jolies petites villes qu'on puisse rencontrer dans aucun pays. Détruite par le tremblement de terre de 1783, elle a été rebâtie sur un plan régulier. Le centre de la ville est occupé par une grande et belle place carrée, au milieu de laquelle s'élève une superbe fontaine. Huit rues larges et bien alignées aboutissent à cette place. La campagne environnante est délicieuse, et les habitans ont un air de santé et d'aisance que l'on trouve rarement en Calabre.

En sortant de Palmi, pour nous rendre à Scylla, nous entrâmes dans une forêt de châtaigniers, dont la hauteur et les dimensions sont prodigieuses. On a généralement observé que le châtaignier n'acquérait ces grandes proportions que sur la cendre des volcans. Le châtaignier si renommé, que l'on voit sur la moyenne région de l'Etna, passe pour le plus bel arbre que l'on connaisse en Europe. Les peintres de paysage qui parcourent l'Italie en si grand nombre, vont exprès en Sicile pour le dessiner. On le nomme *Castagno-dicento-Cavalli*, parce qu'on prétend que son feuillage couvre la place que tiendraient cent hommes à cheval.

En quittant ces beaux châtaigniers, on découvre tout-à-coup, et comme par enchantement, une vue si ravissante, qu'un cri de surprise et d'admiration nous échappa involontairement. Le détroit qui sépare la Calabre de la Sicile, constamment animé par un grand nombre de vaisseaux, de barques, de bateaux pêcheurs qui se croisent en tout sens, produit un effet réellement merveilleux. On voit dans le lointain la superbe Messine présenter son port magnifique et ses belles campagnes couvertes de maisons de plaisance. Des villes, des villages, des palais, garnissent la croupe des montagnes revêtues de la plus belle verdure. Enfin, la masse colossale de l'Etna, qui tour-à-tour féconde et ravage la Sicile, termine cet horizon dont le charme est inexprimable.

Etant partis avant le jour pour contempler, du haut de la montagne, le lever du soleil, nous vîmes ses premiers rayons sortir du sein de la mer et dorer le sommet du volcan, couvert de neiges éternelles. Cet instant étant le plus favorable pour distinguer, au moyen d'une longue vue, les beautés variées de ce tableau sublime, nous restâmes à l'admirer jusqu'au moment où le soleil, répandant sa lumière sur tous les objets, les eût également colorés de son éclat éblouissant. Après quart-d'heure de marche à travers une épaisse fougère dont on distinguait à peine la couleur, tant elle était couverte de poussière, nous arrivâmes au camp occupé par le vingtième régiment de ligne, où j'appris la cause de cette singularité. Ce régiment, étant le jour précédent à l'exercice de grand matin, se trouva subitement enveloppé d'une épaisse nuée de cendres qu'un coup de vent avait apportées du sommet de l'Etna, et qui tomba en telle abondance pendant un quart-d'heure, qu'on fut obligé de chercher un abri sous les baraques.

Après avoir déjeûné avec nos camarades, nous descendîmes la rampe escarpée qui conduit à Bagnara, petite bourgade presque entièrement habitée par des pêcheurs et des marins.

Arrivé à Scylla, je m'empressai de monter au château bâti sur le fameux rocher, effroi des anciens nautonniers. De ce point élevé, je contemplais avec ravissement l'ouverture du détroit, qui, resserré entre le banc de sable, nommé *la Coda-della-Volpa* (la Queue de Renard), sur la côte de Calabre, et la langue de terre sur laquelle est construite la tour du phare, en Sicile, présente une largeur de deux milles.

Placé sur la terrasse du château, je voyais à mes pieds les vagues, occasionnées par les courans et les roches qui bordent cet écueil, se briser avec fracas, et entrer en mugissant dans une profonde caverne qu'elles ont pratiquée en battant incessamment la base de ce rocher. Les poëtes ont représenté ces pointes aiguës, comme autant de têtes de chiens aboyant et prêtes à dévorer les passans. Depuis l'époque de ces brillantes fictions, le canal s'est de beaucoup élargi, et la navigation a fait assurément d'immenses progrès; cependant l'entrée du détroit n'est pas sans dangers; malheur au pilote qui, inexpérimenté dans ce passage difficile, n'évite point les tourbillons où une force supérieure l'entraine; il court risque de tomber de *Scylla* en Carybde, autre écueil non moins dangereux, situé sur la côte de Sicile.

Le château de Scylla est bâti à l'extrémité du rocher, qui, en se prolongeant dans la mer, forme un promontoire élevé. Il est revêtu d'épaisses murailles, et flanqué de grosses tours sur lesquelles on a établi des canons et des mortiers. Ce fort a d'excellentes casemates et une citerne magnifique dans laquelle on descend par un escalier. La difficulté qu'on éprouve en voulant l'assiéger, est de faire parvenir du canon sur l'escarpement de la montagne qui l'avoisine, mais une fois qu'il y est placé, le feu de la place est bientôt éteint, et on peut dès-lors faire les approches pour la battre en brèche. Sa situation à l'entrée du détroit la rend un poste militaire très-important.

Le bourg de Scylla est bâti autour du château, sur la pente rapide qui conduit à la mer. Ses habitans, adonnés à la pêche et au commerce, fournissent d'excellens marins et les plongeurs les plus intrépides que l'on connaisse.

Le lendemain matin, après avoir grimpé le revers escarpé de la montagne dite *la Méglia*, nous prîmes le chemin qui conduit à Reggio. On arrive bientôt après au délicieux village de *Campo*, composé en grande partie de jolies maisons, situées isolément dans des sites charmans. En suivant la plaine qui se prolonge plusieurs milles au-delà de Reggio, on traverse *Villa San - Giovanni*, *Catona*, situé directement vis-à-vis de Messine. Le canal présente sur ce point une largeur de quatre milles. Nous le côtoyâmes jusqu'à notre entrée à Reggio.

Cette ville était renommée dans l'antiquité par sa situation, ses campagnes délicieuses, la douceur et la salubrité de son climat, par sa grande étendue et son opulence. Tous les fléaux ont concouru à sa destruction dans les temps modernes. Réduite en cendre par Barberousse en 1544, elle fut en outre saccagée et pillée deux fois dans le même siècle, et enfin, le 5 février 1783, elle fut renversée de fond en comble, en même temps que Messine et une grande partie de la Calabre.

Depuis cette epoque, sa population est faible et languissante. Ses environs sont encore couverts de débris qui servent à la reconstruction d'une ville nouvelle, où l'on voit quelques rues assez belles, mais peu animées.

Il est impossible d'imaginer rien de plus beau que les campagnes qui environnent Reggio ; elles réunissent les productions les plus délicieuses et les plus variées. Des ruisseaux et des sources abondantes jaillissant du pied des montagnes voisines, serpentent sous des berceaux d'orangers, de citronniers, et entretiennent une fraîcheur, une fertilité surprenante. C'est un vaste jardin orné de bocages parfumés, qui réalisent le beau idéal d'un paradis terrestre.

Les bords de la mer offrent de toute part des points de vue enchanteurs. Le détroit ressemble à un fleuve majestueux qui s'est ouvert un passage entre deux hautes montagnes. Des courans purifient l'air, et occasionnent une brise qui tempère la grande chaleur de l'été. En un mot, le climat, le sol, la situation de Reggio présentent à l'imagination tout ce que la fable et la poésie ont pu inventer de plus séduisant. Cette heureuse contrée faisait avant la guerre un commerce considérable en soies, vins, huiles et oranges.

Pour compléter le charme que j'ai éprouvé, il ne manquait plus que l'apparition d'un phénomène très-curieux, désigné sous le nom de *Fata morgana*. J'en demandai des explications à plusieurs habitans qui, attestant le fait, dont ils assuraient avoir été témoins, ne purent me donner que des notions peu satisfaisantes. Quelques écrivains en ont fait la description, entre autres, *Mazzi* et le père *Angelucci*, mais comme je ne l'ai point vu, et que j'ai peine à m'expliquer cette singulière apparition, qui est, je crois, tout simplement un effet de mirage, il me sera assez difficile de vous l'expliquer.

Pendant les fortes chaleurs de l'été, il survient parfois un calme si parfait, que les courans du détroit perdent toute activité. La mer resserrée entre les montagnes, s'élève alors de plusieurs pieds au-dessus de son niveau ordinaire. Si cette élévation a lieu au point du jour, tous les objets qui existent sur les rives du canal y sont retracés sous des formes colossales. La mobilité de ce miroir marin, qui par ses mouvemens d'ondulation est taillé à facettes, répète sous mille formes diverses toutes ces images qui se succèdent rapidement à mesure que la clarté augmente, et disparaissent aussitôt que le soleil est parvenu à une certaine hauteur. S'il arrive que l'atmosphère soit épaisse et chargée de matières électriques, tous ces objets réfléchis dans l'air redoublent le charme de cette scène dont la magie est tout au moins fort exagérée par l'ardente imagination des habitans qui voient dans les airs des palais magnifiques, des colonnades, des jardins enchantés.

Le 30 avril, nous partîmes de Reggio pour retourner à Montéléone par la route directe. Arrivés sur l'*Aspramonte*, nous descendîmes dans un vallon d'une excessive profondeur, couvert d'arbres très-élevés, et au fond duquel on trouve le village de *Solano*, traversé par une rivière qui se jette dans la mer entre Scylla et Bagnara. La hauteur des montagnes, la beauté des arbres qui les couvrent, le murmure des eaux qui forment de belles cascades, et la fraîcheur qu'elles répandent, augmentent la beauté de ce site, singulièrement pittoresque et romantique.

Après avoir monté pendant deux heures, nous suivîmes le sommet de la montagne, qui, par une pente douce, nous conduisit à travers de grandes plantations d'oliviers au bourg de *Séminara*.

Le lendemain, nous nous rendîmes à *Mileto*, par *Rosarno*, petite ville presque déserte, située sur une éminence entourée de marais, que l'on passe sur des ponts en bois. C'est un vrai séjour de misère et de désolation. Les habitans sont en proie pendant une partie de l'année à des fièvres pernicieuses qui ont déjà moissonné bien des Français.

Mileto est un bourg considérable, bien bâti, ayant un beau palais épiscopal qui maintenant nous sert de caserne.

J'ai visité le champ de bataille où quelques faibles bataillons français mirent dans une déroute complète ces 6000 Siciliens, commandés par le prince de Hesse-Philipstadt. Ce glorieux événement, en réparant l'échec de Saint-Euphémie, nous rendit l'ascendant qu'il nous importe si éminemment de conserver dans ce pays.

J'étais hier matin de retour à Montéléone. Si ma précédente excursion à Nicotera, Tropea, Pizzo, m'a charmé, je dois conserver un souvenir durable de celle que je viens de faire.

LETTRE XIV.

Description générale de la Calabre. — Son climat. — Ses productions. — Son commerce. — Ce qu'elle était au temps des républiques grecques. — Son état actuel. — Désastres occasionnés par les tremblemens de terre.

Montéléone, 28 mai 1808.

N'AYANT plus à vous entretenir d'aucune excursion et d'aucun événement important, je vais essayer de vous présenter un tableau général et descriptif de la Calabre, maintenant que je la connais assez par moi-même et par les renseignemens particuliers que je suis journellement à portée d'acquérir.

Les deux provinces du royaume de Naples, désignées sous le nom de Calabre citérieure et ultérieure, occupent l'extrémité méridionale de l'Italie, et forment une presqu'île, dont la longueur, du village de Rotonda au cap Spartivento, est de cent soixante-dix milles (environ cinquante-cinq lieues de

France), sur une largeur qui varie de vingt à trente-cinq milles.

Cette péninsule, entourée par la Méditerranée, est traversée dans toute son étendue par de hautes montagnes qui sont une continuité de la chaîne des Apennins. Leur sommet est couronné en grande partie par un vaste plateau nommé *la Syla*, dont la surface est couverte des plus beaux pâturages, de riches métairies et de gros villages. La température y est très-rigoureuse; la neige y séjourne depuis la fin de novembre jusqu'au commencement d'avril.

La croupe de ces montagnes, d'où s'échappent une multitude de sources et de ruisseaux, présente un aspect sombre et imposant. Elles sont environnées d'une ceinture d'épaisses forêts, et principalement de beaux châtaigniers. Un grand nombre de bourgs et de villages sont groupés d'une manière pittoresque sous ces ombrages qui devraient être un séjour de paix et de bonheur. La terre y est très-fertile, et on aperçoit rarement des rochers nus et dépourvus de végétation.

Mais si la vue se repose avec plaisir sur la

beauté et la variété des sites qu'offrent les montagnes, on ne peut contempler sans saisissement des vallées profondes, ténébreuses, inhabitées, dont le silence n'est troublé que par la chute des eaux, qui, dans la saison des pluies, forment des torrens considérables.

Il n'existe en Calabre aucun fleuve navigable. Le Laino, le Chratis, le Niéto, l'Amato et l'Angitola, se distinguent seulement de cette multitude de torrens qui sillonnent et ravagent les terrains cultivés, en ce que leur lit n'est jamais à sec.

Tel est l'aspect général de l'intérieur du pays; celui des plaines, baignées par la mer, est moins animé, moins varié, et présente alternativement une nature aride, desséchée par un soleil brûlant, et rendue riante et fertile par des pluies bienfaisantes. Ces plaines sont inhabitées pendant les chaleurs; il n'existe plus alors sur toute leur étendue, qu'un petit nombre de familles indigentes, gardiennes des campagnes. Accablées par des fièvres intermittentes, elles jouissent seulement de quelque relâche pendant les trois mois d'hiver; aussi, leur vie passée dans ces cruelles alternatives, est-elle de courte durée.

Ce séjour n'est cependant dangereux que pour ceux qui sont condamnés à y passer les nuits. Au temps des récoltes, les moissonneurs, descendus des montagnes, se répandent en grand nombre sur ces terrains fertiles, mais, rentrant dans leurs habitations au coucher du soleil, ils échappent au dangereux effet des émanations pestilentielles produites par le lit desséché des torrens, et par les eaux qui croupissent dans les bas-fonds.

Des motifs de service obligent fort souvent nos troupes à bivouaquer dans ces lieux insalubres, où l'on éprouve une pesanteur et un besoin de dormir qui accablent; cependant, on résiste à leur maligne influence, en se privant totalement du sommeil, et en allumant de grands feux. Mais que de pertes n'avons-nous pas éprouvées avant de connaître ce climat, plus meurtrier mille fois que le fer des brigands!

Aussitôt que la neige tombée sur les montagnes rafraîchit l'atmosphère, ces plaines, jusqu'alors inhabitables, deviennent un séjour enchanteur. Les premières pluies d'automne, désaltérant la terre crevassée par une longue sécheresse, procurent une nouvelle végétation qui couvre les campagnes d'herbes et de fleurs. On respire un air doux et parfumé par cette multitude de plantes et d'arbrisseaux, conservés dans nos serres comme une rareté et un ornement. Les propriétaires quittent alors les hauteurs, pour jouir du charme de ce nouveau printemps, et se livrer au plaisir de la chasse.

Pendant ce temps, les montagnes sont couvertes d'épaisses ténèbres. Les nuages amoncelés viennent se résoudre en neige sur les parties les plus élevées, et répandent des torrens de pluie dans les lieux plus bas. La nature attristée interdit presque toute communication aux habitans dont les villages sont séparés par des torrens fougueux. Ces pluies durent environ deux mois avec une violence extrême, et continuent par intervalles jusqu'en avril.

Le climat de la Calabre varie selon les gradations du terrain, et doit conséquemment favoriser tous les genres de productions. Dans les plaines abritées contre le nord, on trouve la canne à sucre, l'aloës et le palmier, tandis que le pin et le bouleau couvrent le sommet des montagnes. Il règne pendant quatre mois une chaleur excessive dans toutes les parties peu élevées, et principalement pendant le sirocco, vent brûlant qui se répand comme une vapeur enflammée sortie de la bouche d'un four. Il parvient sur les côtes du royaume de Naples, où il exerce la plus maligne influence, après avoir traversé les déserts embrasés de l'Afrique. Toute la nature semble languir pendant qu'il règne. Il flétrit les herbes et les plantes qui se raniment, ainsi que l'homme, aussitôt que le vent tourne au nord. L'usage de l'eau à la glace et des bains de mer, sont les seuls moyens qu'on puisse employer efficacement pour donner du ton aux fibres relâchées, et diminuer cette lassitude qui accable l'esprit et le corps.

La grande variété et la richesse des productions de la Calabre fournissent abondamment à tous les besoins de la vie. On y recueille des grains de toute espèce, des vins qui vaudraient ceux d'Espagne et de Languedoc, si les habitans avaient plus d'intelligence et d'industrie; de l'huile d'olive en si grande abondance, qu'on la conserve dans de vastes citernes. On y élève une grande quantité de vers à soie, qui forment, ainsi que la culture du coton, un produit considérable; la plante de réglisse croît sans culture dans les terrains abandonnés, et les forêts produisent une manne très-estimée. D'immenses troupeaux de bêtes à cornes passent alternativement des pâturages abondans de la Scylla dans les pacages aromatiques des plaines, où ils séjournent tout l'hiver. L'usage du beurre, étant inconnu aux Calabrais qui préparent leurs alimens avec du saindoux, ils emploient le laitage à faire des fromages dont on vante avec raison la délicatesse.

Ces troupeaux ne sont point la seule richesse, le seul luxe des grands propriétaires; il consiste principalement dans leurs races de chevaux, entretenus par de superbes étalons dont ils ont un soin religieux. Il règne parmi ces propriétaires une noble et heureuse émulation qui concourt singulièrement à la bonté et à la beauté des élèves. Ces chevaux sont de moyenne taille, bien faits, d'une grande souplesse, pleins de feu et de vigueur. Mais l'animal le plus utile dans ce pays dont les communications sont si difficiles, celui sans lequel les habitans ne pourraient point faire leurs récoltes, ni échanger leurs productions, est le mulet, dont la beauté, la force, l'adresse et la sûreté dans les mauvais pas, sont admirables.

On trouve dans les plaines marécageuses un grand nombre de buffles; l'aspect de ces animaux est effrayant, et leur rencontre dangereuse. Lorsqu'ils sont domptés, on les emploie au labourage, et c'est avec leur aide, et en les attelant à des charrettes très-élevées, qu'on passe les rivières.

Il y a généralement en Calabre une grande quantité de gibier de toute espèce. Les côtes de ce pays sont très-poissonneuses. La pêche de l'espadon nourrit une partie des habitans pendant plusieurs mois, et celle du thon procure une branche de commerce très-lucrative.

Ces provinces, si favorisées par leur climat, leurs productions, sont privées de l'avantage d'avoir un bon port ; cependant, avant la guerre, elles faisaient un commerce assez considérable en grain, vin, soie, coton, réglisse, manne, oranges, citrons, châtaignes, fruits secs, et principalement en huile. Ce dernier objet forme la plus grande richesse commerciale du pays, et fournirait en partie les savonneries de Marseille et de Trieste.

Ces exportations auraient dû répandre une aisance générale. La nature a tout fait pour rendre ces contrées heureuses et florissantes ; mais les vices du Gouvernement s'opposent depuis bien des siècles à leur prospérité. La condition des paysans y est des plus malheureuses ; les fortunes y sont trop disproportionnées ; il y en a peu de médiocres ; les petits propriétaires y sont très-rares, et nulle part on ne trouve une transition plus subite de l'extrême indigence à une grande richesse peu compâtissante. Il en résulte un manque d'émulation qui s'aperçoit partout. Le climat et le sol font plus de la moitié de l'ouvrage, et la main de l'homme découragé fait à peine le reste. Aussi les productions de toute espèce n'ont plus aujourd'hui, en Calabre, que les perfections que la nature même leur accorde sans le secours de l'art.

A l'exception d'un petit nombre de villes et de quelques bourgs bâtis avec régularité, les villages présentent l'aspect le plus misérable et le plus dégoûtant. L'intérieur des maisons est d'une saleté révoltante. Les porcs y vivent familièrement avec les habitans, et il arrive fréquemment que des enfans au berceau sont dévorés par eux. Ces animaux, d'une espèce particulière, entièrement noirs et dépourvus de soies, sont tellement nombreux, qu'ils obstruent toutes les rues et l'entrée des maisons.

Lorsqu'on pense que la grande Grèce a été l'une des contrées de l'univers les plus peuplées, les plus civilisées et les mieux cultivées, il est impossible de ne pas déplorer le sort d'un si beau pays, condamné depuis tant de siècles à se voir dépérir chaque année, et à devenir un séjour empesté. Les rivières désolent à leur gré les terrains qui les avoisinent, et laissent en rentrant dans leur lit des marais qui infectent une grande partie du pays et forcent les habitans à quitter leurs anciennes possessions.

Les tremblemens de terre ont aussi beaucoup contribué à opérer ces funestes changemens. Tout y atteste encore les cruels ravages occasionnés par celui de 1783. Tout le pays est encore couvert des épouvantables souvenirs qu'il y a laissés, et qui ne s'effaceront jamais de la mémoire des témoins de ce bouleversement général de la nature. On aurait peine à croire les récits qui nous ont été faits à cet égard, si on ne les trouvait consignés dans une lettre du chevalier Hamilton, insérée dans les *Transactions Philosophiques* de la même année.

Cette affreuse catastrophe qui changea la face de ces contrées d'une manière inconcevable, fut annoncée par les signes les plus effrayans. Les nuages rassemblés, condensés, immobiles, semblaient peser sur la terre. Dans quelques endroits l'atmosphère parut si embrasée, que l'on crut qu'il se manifestait des incendies. Les eaux des rivières prirent une couleur de cendres et de limon, et une odeur suffocante de souffre se répandit partout. Les secousses violentes qui se renouvelèrent à plusieurs reprises du 5 février au 28 mai, renversèrent la plupart des édifices de la Calabre ultérieure. Le nombre d'habitans écrasés sous leurs maisons ou que la mer engloutit sous la plage de Scylla, fut évalué à plus de cinquante mille. Les rivières arrêtées dans leur cours par la chute des montagnes, devinrent des lacs dont les vapeurs infectes ont corrompu l'air. Des maisons, des arbres et des champs considérables furent entraînés dans le fond des vallées, sans être désunis par ces ébranlemens souterrains. En un mot, tous les désastres et les changemens extraordinaires qui peuvent être occasionnés par les tremblemens de terre, se firent voir à cette époque déplorable sous les formes diverses qui les caractérisent.

Après de pareilles convulsions de la nature, il ne paraîtra point étonnant que la Calabre conserve peu de monumens qui attestent la grandeur et l'opulence des colonies fondées par les Grecs. La somptueuse et molle Sybaris fut entièrement ravagée par les Crotoniates, qui dirigèrent le cours de deux rivières sur l'emplacement qu'occupait cette cité superbe. La célèbre Crotone, détruite à son tour, n'est plus aujourd'hui qu'une chétive bourgade, qui, pour tout souvenir de son ancienne splendeur, possède dans son voisinage une seule colonne du temple de Junon Lacinienne. Gérace, bâti près des ruines de l'antique et florissante Locres, offre quelques débris de murailles qui indiquent l'immense étendue que devait avoir cette république, successivement saccagée par tous les peuples qu'elle s'empressa d'accueillir.

Mais, si les restes précieux de l'antiquité répandus sur cette terre classique, avaient pu échapper miraculeusement aux ravages du temps et des tremblemens de terre, ils se seraient également perdus, par l'ignorance et la barbarie des Calabrais, dont je tâcherai d'esquisser les principaux traits dans ma prochaine lettre.

LETTRE XV.

Caractère et mœurs des Calabrais. — La Tarentule. — Notice sur les Albanais établis en Calabre.

Montéléone, 12 juin 1808.

N'ÉTANT à même de connaître la Calabre que dans un moment de tourmente politique, et lorsque toutes les passions sont déchaînées et tous les intérêts violemment froissés, il me sera difficile sans doute de porter un jugement sain et dépourvu de préventions, sur le caractère et les mœurs de ses habitans; voulant cependant remplir ma promesse, je hasarde de vous communiquer les observations qu'un séjour de sept mois m'a permis de faire à cet égard.

Avant l'entrée des Français, la Calabre était soumise à l'influence immédiate de riches et puissans barons qui exerçaient sur leurs vassaux une autorité despotique usurpée sur les droits des souverains. Tout ce que la féodalité présente d'odieux et de contraire aux droits sacrés de l'humanité, pesait plus particulièrement sur ces provinces qui fixaient peu l'attention du Gouvernement, et empêchait leurs habitans de faire aucun progrès dans les arts et la civilisation. Les barons entretenaient une milice armée, connue sous le nom de *sbires*, qui étaient les exécuteurs des volontés, et fort souvent des caprices sanguinaires de leurs maîtres : s'il arrivait qu'un vassal deplût ou résistât à son seigneur, il tombait bientôt sous le poignard des sbires, sans que des attentats aussi criminels fussent réprimés. Aucune justice n'était rendue; tous les délits se rachetaient à prix d'argent; tout était vénal, ou pouvait s'acquérir par de viles complaisances.

La classe du peuple, plus spécialement victime de ces actes arbitraires, cherchait à se soustraire aux vexations, aux coups d'autorité et aux actes de vengeance, en se réfugiant dans les bois et sur les montagnes. De là proviennent originairement ces bandes de brigands qui ont beaucoup influé sur la dépravation de ce peuple, en lui inspirant ce goût d'indépendance sauvage, et en augmentant son aversion naturelle pour le travail.

La Calabre ne pouvait donc que gagner à un changement de système. Aussi, malgré les moyens violens employés pour l'assujettir à une nouvelle forme de Gouvernement, et tous les excès, toutes les dévastations qui en ont été la suite, l'invasion des Français a préparé de grands bienfaits à ce pays, en abattant le despotisme des barons, en affaiblissant un grand nombre de préjugés atroces, en donnant des notions utiles en tout genre, en facilitant les communications par des routes nouvelles; et enfin, le plus grand service que les Français puissent lui rendre, est de chercher à en extirper le brigandage.

Cependant, à travers tous les vices, l'ignorance et la barbarie actuelle des Calabrais, ils doivent à leur climat, et peut-être ont-ils même conservé des Grecs, une finesse, une subtilité étonnantes. Leur langage, qui est un italien corrompu, plus inintelligible que celui des autres provinces, est plein d'originalité et d'expression. La classe un peu civilisée s'exprime avec une facilité, une vivacité et une chaleur de sentiment qui annonce du génie. Suivant l'usage général des Italiens, leurs discours sont accompagnés d'une pantomime des plus significatives. Un signe, un geste, un mot, une exclamation, suffisent pour qu'ils s'entendent parfaitement. Tout est en action chez eux lorsqu'ils ont intérêt à persuader; leurs manières sont souples, insinuantes; leur esprit très-délié; et, à moins de bien connaître l'insigne perfidie dont ils sont susceptibles, on est facilement leur dupe. Doués d'un rare talent pour juger le caractère des personnes auxquelles ils ont recours, fourbes et adulateurs à l'excès, ils savent mettre en jeu tous les moyens possibles pour parvenir à leurs fins, et s'ils ne réussissent pas par les voies ordinaires, un coup de fusil ou de poignard les a bientôt vengés de leurs mécomptes. Il existe peu de Calabrais, dans toutes les classes, qui ne soient entachés de plusieurs homicides, ce qu'il faut principalement attribuer au manque d'action des tribunaux. Une soif de vengeance, qui se perpétue dans les familles, et un penchant prononcé pour les procès et la chicane, font réellement un enfer de ce beau pays.

Ces peuples n'ont aucun vrai principe de religion et de morale. Comme tous les hommes ignorans, ils sont superstitieux à l'excès. Le brigand le plus atroce porte sur sa poitrine des reliques et des images de saints qu'il ose invoquer même en commettant les plus grandes cruautés.

Les ecclésiastiques, loin d'avoir aucune des vertus de leur état, donnent l'exemple des vices les plus honteux, à tel point qu'il s'en trouve parmi eux qui, pour un modique salaire, deviennent les agens des officiers français dans leurs intrigues amoureuses. Le clergé de Calabre est, je crois, le plus corrompu qui existe en Europe.

Il est cependant juste d'excepter de cet aperçu défavorable un grand nombre de personnes instruites, éclairées, auxquelles la politesse et les bienséances ne sont point étrangères, et qui, ayant fait de longs séjours à Naples, et voyagé en Italie, ont acquis des mœurs douces et hospitalières.

Les Calabrais sont de moyenne stature.

bien proportionnés, très-musculeux. Leur teint est basané, les traits de leur physionomie très-prononcés, leurs yeux pleins de feu et d'expression. Ainsi que les Espagnols, avec lesquels ils ont bien des rapports, ils portent en toute saison de grands manteaux noirs qui leur donnent un aspect sombre et lugubre. La forme de leurs chapeaux très-élevés, et se terminant en pointe, a quelque chose de bizarre et de disgracieux. En raison des haines invétérées qui divisent les familles, ils ne sortent jamais sans être armés de fusils, de pistolets, de poignards et d'une ceinture en forme de giberne, qui contient un grand nombre de cartouches. Toujours disposés à l'attaque ou à la défense, ils passent fièrement à côté de leurs ennemis, c'est-à-dire de ceux qu'ils savent guetter tous les instans favorables pour attenter à leur vie. Barricadés dans leurs maisons dès l'entrée de la nuit, les motifs les plus urgens peuvent seuls les décider à en sortir.

Le Calabrais devenu brigand, ou celui qui cultive la terre, ont de si grands rapports, qu'on ne sait trop comment les distinguer. Mêmes mœurs, même costume, même armement. Le premier emploie seulement le fruit de ses rapines et de ses extorsions à se procurer une veste en velours de coton, garnie de boutons d'argent, et à orner son chapeau de plumes et de rubans. Quelques chefs de bande étalent un peu de luxe et d'appareil; il y en a qui, disant avoir reçu un grade militaire des Anglais et de la cour de Palerme, portent une espèce d'uniforme rouge et des épaulettes. Ils règnent sur leur troupe par la terreur. Une désobéissance, un sujet de mécontentement est bientôt suivi d'une mort prompte et violente; aussi survient-il souvent parmi eux des querelles qui en font justice.

Il existe dans le caractère Calabrais, dans ceux même que leur situation doit rendre ennemis du désordre, un sentiment d'indulgence pour les brigands, dont on ne peut se rendre compte, *sono povereti* (ce sont de pauvres diables), disent-ils en signe de compassion, et, s'ils osaient, ils chercheraient à nous apitoyer sur le sort de ces misérables.

Excepté la classe indigente adonnée aux

travaux de la terre qui exige peu de culture, les hommes passent leur vie dans une oisiveté complète. On les voit, couverts de leurs sinistres manteaux, sous lesquels ils sont armés de toutes pièces, former des groupes et des coteries sur les places publiques et au coin des rues, n'ayant d'autre distraction que le jeu, une de leurs passions dominantes, qui se termine rarement sans de violentes querelles, suivies de quelques coups de stylet. Ils n'ont aucune notion des réunions sociales, et encore moins du plaisir de la table. Leur sobriété est poussée à l'excès, même dans les familles opulentes, qui, se privant de toutes les douceurs de la vie, ne pensent qu'à entasser des capitaux. Jamais on ne les voit animés par ce sentiment de gaieté qui, les dimanches et les jours de fête, éclate si franchement chez les autres peuples.

Le *peccorara* et la *tarentelle* sont les danses du pays : cette dernière est généralement usitée dans le royaume. L'air en est bizarre et dépourvu de mélodie. Il se joue sur quelques notes, dont le mouvement va toujours en augmentant, et finit par être convulsif. Deux personnes, placées l'une vis-à-vis de l'autre, font, à la manière des sauvages, des contorsions et des gestes fort souvent indécens, et qui dégénèrent dans une espèce de délire.

Cette danse, originaire de Tarente, a pu donner lieu à la fable de la Tarentule, dont on prétend que le venin ne peut être neutralisé que par l'effet de la musique. Plusieurs personnes dignes de foi, qui ont long-temps habité la ville de Tarente, m'ont assuré n'avoir jamais été témoins d'un pareil accident qu'on doit uniquement attribuer à la chaleur et à l'insalubrité du climat qui engendre des maladies de nerfs dont les accès cèdent au charme de la musique. La tarentule est une espèce d'araignée qui se trouve dans tout le midi de l'Italie. Les Calabrais ne la redoutent nullement, et plusieurs fois j'ai vu nos soldats en tenir dans la main sans qu'il en soit jamais rien résulté de fâcheux.

Les femmes de Calabre ont peu d'attraits, et sont surtout dépourvues de grâces. Mariées fort jeunes, elles sont bientôt flétries.

Leur fécondité est extraordinaire. Les funestes accidens qui accompagnent si souvent les couches dans les pays du nord, sont inconnus dans ces contrées. Les Calabraises, même celles qui tiennent à une classe un peu distinguée, ne savent pour la plupart ni lire, ni écrire. On les cite avec éloge lorsqu'elles ont reçu ces premiers commencemens d'éducation. En général, leur condition est très-malheureuse, vu l'extrême jalousie des hommes qui les tiennent toujours enfermées, et les traitent sans aucun égard. Aimantes, passionnées, jalouses à l'excès, elles épient toutes les occasions favorables pour se soustraire à cette cruelle contrainte, et se décident facilement à tout quitter, pour suivre l'objet de leur affection.

Dans le quinzième siècle, un grand nombre de familles grecques, fuyant les persécutions qu'elles éprouvèrent après la mort de *Scanderberg,* prince d'Epire et d'Albanie, se réfugièrent dans le royaume de Naples, et principalement en Calabre, où le Gouvernement favorisa leur établissement par des concessions de terrains couverts de forêts.

Ces réfugiés ont conservé leurs mœurs, leur langage, le libre exercice de leur religion et leur costume, dont la richesse et l'élégance font un effet singulièrement gracieux. Ils sont laborieux, hospitaliers, et, loin d'être portés au brigandage, ils savent se faire respecter de ces hordes féroces contre lesquelles ils sont toujours en garde. L'union, la tranquillité qui règnent parmi eux devraient servir de modèle au pays qui leur a donné asile.

On a dit, avec vérité, qu'il n'y avait de trop en Calabre que ses habitans; un Gouvernement éclairé, paternel, mais ferme, pourra seul changer leur esprit en améliorant leur sort. Déjà les abus intolérables qui les opprimaient depuis si long-temps ont en partie disparu; les maux occasionnés par la guerre s'effaceront, et avec du temps et de la persévérance, on parviendra à corriger la perversité de ces peuples, en introduisant parmi eux un bon système d'éducation.

Les Calabrais sont susceptibles de devenir de bons soldats, par leur constitution robuste, leur sobriété, leur agilité et leur intelligence naturelle. Si ce peuple, presque isolé de l'Europe, et retranché derrière ses montagnes impraticables, était mu par un patriotisme politique et religieux, il deviendrait indomptable, et le pays qu'il habite serait un refuge assuré contre la tyrannie.

LETTRE XVI.

Le climat de la Calabre funeste aux Français. — Départ pour Rogliano. — Les Anglais enlèvent un convoi. — Le chef de brigands Parafanté. — Il tombe dans une embuscade. — Trait de perfidie. — Aspect de Cosenza pendant les chaleurs. — Son insalubrité. — Départ de Joseph pour l'Espagne.

Rogliano, 29 juillet 1808.

Les maladies produites par le mauvais air qui règne dès le mois de juin dans le golfe de Gioia, où nos compagnies faisaient un service assez pénible, ont occasionné notre prompt départ pour Rogliano. Les chaleurs sont excessives cet été; c'est le premier que nous passons en Calabre, et nos soldats, ainsi que tous les Français qui les ont précédés, paient un malheureux tribut à ce climat pernicieux.

Les maladies qu'il occasionne s'annoncent par un abattement soudain, une chaleur dévorante et un délire continuel, bientôt suivi de la mort, si on n'y apporte un prompt remède. Dans l'espace de quinze jours, nous avons perdu soixante et quelques hommes, et laissé deux cents malades à l'hôpital de Montéléone, que le bataillon a quitté le 30 juin.

La contrée sauvage que l'on traverse entre Nicastro et Rogliano, et que nous avions vue à notre premier passage couverte de neiges et de brouillards, est méconnaissable dans la belle saison. Les chemins, alors impraticables, deviennent des allées délicieuses, bordées de superbes châtaigniers, sous l'ombrage desquels on respire un air pur et bienfaisant. Des sources fraîches et limpides coulent dans ces vallées profondes où nous avions trouvé des torrens fougueux, favorisés par un temps superbe. Les côtes les plus élevées nous parurent d'un accès facile, et le 2 juillet, le bataillon arriva à sa destination sans éprouver le moindre accident.

Les environs de Rogliano sont de la plus grande beauté dans cette saison. Le terrain, en s'élevant graduellement jusqu'au sommet de la Syla, offre de toute part une vue délicieuse. Les montagnes, colorées de verdure de différentes teintes, présentent un grand nombre de villages et de maisons de campagne qui animent singulièrement ce beau paysage; il serait difficile de trouver dans aucun pays un canton plus peuplé, plus riche et mieux cultivé. Il forme une heureuse exception avec le reste de la Calabre. C'est dans cette contrée, où l'on jouit pendant l'été d'une température fraîche et de l'air le plus pur, que nos soldats, cantonnés dans plusieurs villages, doivent passer le temps des fortes chaleurs, pour se rétablir. Cependant, le lendemain de notre arrivée, nous avons été obligés d'aller de nouveau respirer l'air si malfaisant des marines, pour y être témoin d'un funeste événement qu'il nous a été impossible d'empêcher.

Une flottille considérable, chargée des plus riches productions de la Calabre, expédiée de Pizzo à Naples sous l'escorte de quelques chaloupes canonnières, s'était réfugiée dans une anse à douze milles d'ici, où elle attendait un vent favorable pour continuer sa route. Elle avait d'autant plus à redouter les croisières anglaises, que cette côte extrêmement malsaine dans cette saison, est presque abandonnée. Le 3 de ce mois, à deux heures du matin, le commandant reçut l'ordre d'envoyer un détachement de cent hommes pour protéger ce convoi, et de marcher avec la totalité du bataillon aussitôt qu'on aurait signalé des bâtimens anglais. Il était d'autant plus essentiel d'être prêt à tout événement, que le vent du Sud qui retenait la flottille, pouvait en quelques heures porter les vaisseaux ennemis sur la côte. Cette observation très-juste, faite par un grand nombre d'habitans, décida le commandant, dans l'intérêt de la chose publique, à partir sur-le-champ avec la totalité du bataillon, pour s'établir sur des hauteurs près du rivage, jusqu'au départ de la flottille. Les Anglais, qui se tenaient au large, s'approchèrent des côtes pendant la nuit, et, au point du jour, au moment même où nous partions de Rogliano, ils effectuèrent sans obstacle un débarquement de cinq cents hommes. Les canonnières ne pouvant résister, s'échouèrent sur la plage après avoir tiré quelques coups de canon, et, en moins de deux heures, tous les bâtimens furent capturés et conduits en pleine mer. Le bruit du canon parvenu jusqu'à nous, accélérait notre marche, mais il fallait trois heures pour arriver, et nous fûmes bientôt instruits, par la rencontre d'une multitude de marins qui fuyaient saisis d'épouvante, du malheur qui venait d'avoir lieu. Arrivés sur le rivage, nous vîmes les Anglais à une portée de canon, occupés à transporter les marchandises sur leurs vaisseaux, après quoi ils mirent le feu à toutes ces barques, et cinglèrent vers la Sicile. Jugez de notre désespoir en nous trouvant si près d'eux sans pouvoir les atteindre. Cette surprise désastreuse a jeté la consternation dans tout le pays, et de long-temps on n'osera plus faire d'expéditions pour Naples.

En revenant dans ces montagnes, il eût été bien difficile de ne rien avoir à démêler avec les brigands; aussi n'avons-nous pas tardé à en venir aux prises.

Vous vous rappelez que, lors de notre premier séjour à Rozliano, il y avait un chef de bande nommé *Francatripa* qui désolait tout le pays. Après avoir eu recours à toute sorte de moyens pour se défaire de ce redoutable bandit, on était enfin parvenu à gagner quelques individus de sa troupe qui devaient le livrer. Ce projet ayant manqué, et ce scélérat ne se croyant plus en sûreté parmi les siens, a furtivement gagné le bois de Saint-Euphémie, d'où il est passé en Sicile, emportant, dit-on, des sommes considérables.

Parafante, autre chef de *commitive* non moins atroce, l'a remplacé, et, joignant à la bande qu'il commandait les débris de celle que Francatripa a laissée sans chef, il est devenu encore plus dangereux. La saison facilitant ses entreprises, il tombait audacieusement sur les villages que nous occupons, poussait même ses excursions nocturnes jusqu'à l'entrée de Rogliano, et, pour se préserver de ses surprises, on était partout obligé de se garder militairement.

Différentes expéditions furent dirigées contre lui sans jamais pouvoir l'atteindre, et le commandant attendait impatiemment qu'il se présentât quelque circonstance favorable, lorsqu'un ecclésiastique du voisinage entra chez lui il y a environ quinze jours, et lui dit d'un air mystérieux qu'il avait des révélations très-importantes à lui faire. Il commença par montrer plusieurs certificats surpris à la bonne foi de quelques commandans français, qui, abusés par sa mine hypocrite et son astuce, engageaient à lui accorder toute confiance. Passant ensuite à l'objet de sa visite, il dit être l'ennemi le plus juré de Parafante, assassin de plusieurs individus de sa famille, assura avoir des intelligences dans sa bande, et promit de le faire tomber entre nos mains; puis, s'étayant d'un fait connu dans le pays (l'arrestation d'un riche propriétaire, pour la rançon duquel Parafante demandait mille ducats), il assura que le paiement devait s'effectuer la nuit même, et proposa de saisir cette circonstance favorable pour tendre un piége à ce bandit, qui, d'après l'exposé de son plan fort adroitement combiné, ne pouvait manquer d'y tomber. Il fut donc convenu qu'à dix heures du soir un détachement de cent hommes partirait en silence, conduit par un guide affidé. Le commandant, en me chargeant de donner les ordres nécessaires pour cette expédition nocturne, jugea ainsi que moi qu'il y avait de l'imprudence à se confier légèrement à cet inconnu. M'étant chargé de prendre indirectement des renseignemens sur son compte, j'appris qu'il passait généralement pour un intrigant qui ne méritait aucune confiance. Dès-lors il fut convenu que nous chercherions à sonder le guide qu'il devait envoyer pour conduire le détachement. Aussitôt qu'il se présenta, employant la ruse, la menace, et faisant surtout briller quelques pièces d'or à ses yeux, nous apprîmes à n'en pas douter, que son maître, vendu aux brigands, n'avait d'autre but que de chercher à nous éloigner de Rogliano, afin de faciliter une entreprise très-lucrative que Parafante voulait faire dans notre voisinage. Je me rendis sur-le-champ avec un détachement dans le domicile de ce traître que l'on ne put trouver nulle part, et son agent lié et garotté fut contraint sous peine d'être fusillé, de nous conduire sur le chemin que les brigands devaient prendre. A une heure du matin, le détachement fut placé dans une bonne embuscade où il se tint caché, observant le plus profond silence. Nous entendîmes bientôt un bruit confus qui nous annonça l'approche des brigands. Dès qu'ils se trouvèrent bien à notre portee, le détachement fit une vigoureuse décharge qui en blessa et tua un bon nombre; tombant ensuite sur eux à la baïonnette, ils prirent la fuite en jetant des cris effroyables. Malheureusement Parafante conduisait une autre colonne qui ne suivait pas le même chemin, mais enfin les coups de fusil et les cris de terreur qu'il dut entendre, ont fait échouer son entreprise. Nos soldats ont trouvé assez d'argent sur la plupart des morts et des blessés. La tête de cet indigne et perfide ecclésiastique a été mise à prix, et il ne peut manquer tôt ou tard de nous être livré mort ou vif. Parafante, se croyant trahi par les siens, n'a plus reparu depuis cet échec qui a procuré une parfaite tranquillité au pays. Plusieurs de mes camarades et moi en avons profité pour faire des excursions dans le voisinage, et surtout à Cosenza.

Cette ville, animée, industrieuse et commerçante pendant l'hiver, offre maintenant l'aspect d'une vaste enceinte d'hôpital. On n'y voit que des figures allongées, jaunes et livides, traînant péniblement leur existence.

Le Chratis qui en traverse la partie basse, diminuant considérablement dans cette saison, laisse à découvert une vase infecte, d'où proviennent ces fièvres obstinées, que le peu d'habitans qui n'ont pu fuir ce séjour empesté, cherchent à combattre par l'usage constant du quinquina. Mais si les indigènes ne peuvent se familiariser avec leur climat, combien, à plus forte raison, les Français n'ont-ils pas dû en être victimes. L'été dernier, le 1er régiment de ligne a perdu à Cosenza plus de 800 hommes. Depuis cette funeste expérience, le général de division Parthouneaux, qui a dignement remplacé le général Maurice Mathieu dans le commandement supérieur des Calabres, a ordonné que la garnison évacuât la ville pour se retirer dans un château qui la domine, où cependant elle n'est point entièrement à l'abri du mauvais air.

Les journaux vous auront instruit du départ du roi Joseph. On dit ici que Napoléon lui destine le trône d'Espagne, et que ce royaume va être réuni à la France. Les dames de Naples pourront seules regretter ce galant souverain.

LETTRE XVII.

Départ précipité pour Rossano et Catanzaro. — Armement des Anglais en Sicile.

Catanzaro, 18 août 1808.

Les événemens nous ont forcé de quitter subitement nos montagnes, dont le séjour eût été pour nous un si grand bienfait. Le 7 août, le bataillon reçut l'ordre de partir sur-le-champ pour se rendre dans l'arrondissement de Rossano, où il s'était manifesté des troubles assez sérieux.

Cette ville est située au-delà de Syla sur les côtes de la mer Ionienne, à trois grandes journées de Rogliano. Pour éviter de passer par Cosenza, et de côtoyer les rives insalubres du Chratis, on a dirigé notre marche au travers des montagnes, en suivant les villages qui se succèdent à très-peu de distance, sur les hauteurs dont Cosenza est entouré. Le terrain qui s'élève majestueusement en amphithéâtre, est de la plus grande fertilité. Ces sources fraîches et limpides serpentent sous des ombrages délicieux; un air vif et léger y entretient la santé. Mais la nature développe tous ses trésors pour une race d'hommes dont ses bienfaits n'ont nullement adouci les féroces penchans. Tous les villages qu'ils habitent, désignés sous le nom de *Casali di Cosenza* (annexes de Cosenza), fournissent cette multitude de brigands qui désolent la province. Plusieurs fois, dans des temps de troubles, on a vu ces redoutables montagnards se répandre dans la ville comme un torrent destructeur, et y commettre les plus grands désordres; ils nourrissent entre eux des rivalités, des haines invétérées qui occasionnent des procès interminables, fréquemment suivis de meurtres atroces. C'est probablement cette déplorable disposition à la chicane qui entretient à Cosenza un nombre effrayant d'avocats et de procureurs, absorbant les fortunes en encourageant ce funeste penchant.

Le bataillon vint coucher le 7 à *Spezzano-Grande*, et le lendemain nous commençâmes à gravir sur les montagnes, en traversant d'abord des bois de châtaigniers, puis une forêt de chênes et de hêtres, et enfin des pins très-élevés, aboutissant à la Syla. Cette région, soumise pendant l'hiver à un froid rigoureux et à de fréquentes tourmentes, est enveloppée d'une ceinture de bois impénétrable, sous le nom de *forêt du Brutium*, d'où les rois de Syracuse, et ensuite les Romains tiraient les matériaux nécessaires pour la construction de leurs flottes. Ces bois seraient aujourd'hui d'une bien plus grande utilité pour cet objet, mais les arbres n'y sont plus abattus que par la violence des ouragans.

Nous suivîmes pendant cinq heures cette plaine élevée, qui, par une pente insensible, nous conduisit à *Acri*, bourg très-peuplé, dont le territoire d'une vaste étendue, embrasse les deux revers de la Syla. Le lendemain nous le traversâmes pour prendre le chemin de Rossano. De ce point élevé, où domine une vaste étendue de mer, et à mesure que l'on descend un sentier pratiqué dans une immense forêt, on découvre des aspects variés qui procurent sans cesse de nouvelles sensations. D'une part on se voit suspendu au-dessus d'affreux précipices, de l'autre on aperçoit de riantes vallées, des villages, des maisons de campagnes et toujours des vues de mer ravissantes. Ces belles forêts que la main de l'homme n'a point dénaturées, ont un caractère de majesté et de solennité qui élève l'âme et présente le tableau d'une nature primitive.

Le bataillon arriva le 9 à Rossano, jolie ville bien bâtie, entourée de murailles, et située au pied des montagnes sur un tertre élevé. Il y faisait une chaleur suffocante qui nous parut d'autant plus intolérable que nous quittions une région où la température était bien différente.

Le jour même de notre arrivée, nous reçûmes, à onze heures du soir, l'ordre de partir sur-le-champ et à marches forcées pour Catanzaro. Le premier embarras que l'on éprouve, en recevant ces ordres précipités, est de se procurer des moyens de transports pour les équipages et les soldats hors d'état de marcher. Les communes sont chargées de les fournir; et, aussitôt que la nouvelle d'un départ est répandue, les paysans s'esquivent furtivement avec leurs chevaux et toutes les bêtes de somme qu'ils vont cacher dans les montagnes pour se soustraire à une corvée, qui, se renouvelant fréquemment, devient une grande charge pour les habitans. Pour obvier à cet inconvénient qui oblige souvent de laisser les équipages en arrière, le commandant s'empressa de faire garder toutes les issues de la ville, après quoi il fit venir le syndic pour lui demander les transports nécessaires. Aussitôt, grande rumeur dans le pays; le bruit accéléré du fer des chevaux et des mulets retentissait dans toutes les rues; mais au moyen de la précaution déjà prise, nous n'eûmes plus que l'embarras du choix; et avant deux heures du matin, le bataillon était hors de la ville.

L'étape jusqu'à *Cariati* exige au moins huit heures de marche; le chemin est uni, mais très-sablonneux; et cette côte, exposée au levant, est brûlée par le soleil dès six heures du matin. Nous arrivâmes à midi, accablés par une chaleur dévorante. Pour s'en préserver à l'avenir, le bataillon partit tous les soirs à sept heures. On marchait jusqu'à minuit; on faisait une longue halte autour des feux allumés pour purifier l'air, et par ce moyen, nous étions toujours rendus dans les logemens avant la forte chaleur.

Nous sommes arrivés hier à Catanzaro, exténués par la fatigue, et surtout par la privation du sommeil, que le repos du jour ne remplace jamais suffisamment, ayant fait en neuf journées de marche consécutives, environ cent quatre-vingt milles (soixante-dix lieues); aussi la moitié des soldats et des officiers sont-ils tombés malades, et il ne reste plus au bataillon que trois cents hommes en état de faire le service.

Notre plus grande privation, durant ces pénibles marches, a été le manque d'eau potable. Les torrens sont à sec, les sources tarissent, et nos soldats, dévorés par la soif, n'ont eu d'autre moyen pour se désaltérer que l'eau saumâtre et malfaisante des puits que l'on trouve assez fréquemment sur toute cette côte.

Le mauvais air qui y règne, et les fréquentes dévastations des pirates, ont forcé les habitans d'établir leurs demeures sur des hauteurs d'un accès difficile, et qui nous présentaient un nouvel obstacle à surmonter, au moment où, fatigués par des veilles réitérées et une longue marche, nous n'aspirions tous qu'après un repos bien nécessaire.

Le lever du soleil, qui présente un spectacle si ravissant sur les bords de la mer, avait perdu tous ses charmes à nos yeux appesantis par le sommeil. Aussitôt que son globe enflammé sortait du sein de la mer, l'atmosphère était embrasée, et nos corps épuisés perdaient toute élasticité. Des marches de nuit successives, sans un seul jour de repos, sont une des plus grandes peines de l'état militaire. Les soldats, ivres de sommeil, tombent comme des masses, et dans ce pays, si dangereux pour les traînards, on est obligé de les frapper pour les forcer à suivre. Marchant toutes les nuits, et restant couché la plus grande partie de la journée, il m'est impossible de pouvoir rendre compte du payque j'ai parcouru, et cependant je sais qu'il est plein de souvenirs.

Le motif qui a décidé notre départ précipité de Rossano, a été pendant toute la route un objet de discussion ; chacun l'interprétait à sa manière. Nous avions d'autant plus de peine à en pénétrer la cause, que les subtils Calabrais, grands politiques, grands causeurs par caractère, et qui savent toujours les nouvelles avant les Français, n'en avaient aucune à débiter. Enfin, nous avons appris à notre arrivée à Catanzaro, que les Anglais préparent dans les ports de Sicile une expédition dont on ne peut savoir le but, et que nos troupes, qui dans cette saison présentent au plus quatre mille combattans, ont été concentrées dans le voisinage du golfe de Saint-Euphémie, pour être prêtes à tout événement.

LETTRE XVIII.

Gouvernement de Joseph. — Arrivée de Joachim Murat, son successeur au trône. — Description de Catanzaro.—Affabilité des habitans.—Trait caractéristique des paysans calabrais. — Anecdotes sur Mélizano.

Catanzaro, 20 septembre 1808.

Depuis le départ de Joseph, on se perdait en conjectures sur le sort de ce royaume. Sera-t-il réuni à la France ? sera-t-il gouverné par un vice-roi ? ou deviendra-t-il l'apanage de quelque prince de la famille impériale ? L'arrivée de Murat, grand-duc de Berg, et maintenant Joachim Ier, roi de Naples et de Sicile (quand il aura fait la conquête de cette île), a prouvé que la dernière conjecture était la plus fondée. Il a fait son entrée pompeuse et solennelle dans la capitale le 6 de ce mois.

Ce changement de souverain paraît concilier tous les intérêts. Les Napolitains, heureux de rester un État indépendant de la France (jusqu'à un certain point cependant), encensent l'idole nouvelle, semblent éprouver une sorte d'orgueil de se voir gouvernés par un des généraux de l'armée française, dont le nom s'associe aux plus beaux faits d'armes, et se plaignent amèrement de *Dom Pepe* (c'est ainsi qu'ils nomment Joseph par dérision.) Le fait est qu'il a vidé toutes les caisses en partant, qu'il laisse le trouble et le désordre dans les provinces, et l'administration du royaume dans le plus mauvais état. Uniquement adonné aux plaisirs que le climat et les mœurs de Naples rendent si faciles, son règne a été celui d'un roi fainéant et débonnaire, qui, avec un désir vague d'opérer le bien, a toujours manqué de lumières et d'énergie pour empêcher le mal. Bien qu'il soit par caractère doux et accueillant, son départ ne laisse cependant aucun regret à l'armée française. Épuisant toutes les ressources de ce royaume en folles prodigalités, il laisse la solde arriérée d'une année et nos services perdus dans l'oubli et l'abandon. Aussi tous les Français se sont-ils empressés de fêter l'arrivée de Murat, espérant trouver en lui un zélé et puissant protecteur.

Sa présence en imposera sans doute aux Anglais, et, en attendant l'exécution des projets qu'ils semblent méditer, nous menons une fort bonne vie à Catanzaro. C'est une des plus jolies villes de la Calabre, et incontestablement la plus agréable à habiter. Sa situation sur une montagne, à deux milles de la mer, est saine et gracieuse; ses habitans sont affables, industrieux, et c'est (je crois) la seule ville de la Calabre où l'on fasse des prévenances aux Français. Les femmes de Catanzaro passent avec raison pour être les plus belles et les plus aimables des deux provinces. Il y a de nombreuses réunions où l'on fait de la musique, où l'on joue même à des jeux innocens qui admettent d'embrasser les dames, ce qui partout ailleurs ferait crier au scandale. Mais ces bonnes manières restent enfermées dans l'enceinte des murs; le brigandage lève au-dehors sa tête hideuse, l'ignorance et la barbarie sont, comme dans tout ce pays, le partage du peuple. Le trait suivant, qui peint fort bien le naturel du paysan calabrais, en est la preuve.

La compagnie de voltigeurs du bataillon fut commandée il y a huit jours pour accompagner le percepteur des contributions dans sa tournée. A trois milles de la ville, un soldat s'écarta du chemin pour satisfaire un besoin. Peu d'instans après, on entendit un coup de fusil, et l'on vit un paysan se sauver à travers les champs, ce qui fit naître des soupçons. Aussitôt, par ordre du capitaine, quelques voltigeurs mettant bas, sac, fusil, giberne, courent après cet homme et l'atteignent. Ce misérable venait de tuer leur camarade. Interrogé sur le motif qui avait pu l'engager à commettre cette atrocité, il répondit naïvement qu'ayant son fusil caché près de lui, et voyant ce soldat lui présenter un beau point de mire, il n'avait pu résister à la tentation d'y viser un coup de fusil. Traduit de suite à la Commission militaire, et condamné à être pendu, il a imploré la clémence des juges, en proposant de servir fidèlement à la place de celui qu'il avait assassiné: Il ne paraît point que la haine contre les Français ait dirigé ce misérable; c'est un meurtre commis du plus grand sang froid, dans l'unique intention de connaître la portée de son fusil et de sa poudre. Les Calabrais sont donc réellement un peuple d'assassins.

Le bataillon a quatre compagnies cantonnées dans des villages éloignés de plusieurs lieues de la ville. J'ai été dernièrement chargé d'y porter des ordres, et j'ai appris dans la commune de *Malissano* un fait très-curieux et peu connu, qui eut lieu dans l'année 1600, et qui causa de vives inquiétudes à la cour de Madrid. Un riche propriétaire de ce village, ancien avocat, homme d'esprit, chez lequel je fus logé, me l'a fait lire dans une chronique où j'en ai pris l'extrait suivant:

Don Sébastien, roi de Portugal, dont la mère était fille de l'empereur Charles-Quint, cédant à l'impulsion irréfléchie d'un caractère entreprenant, passa à l'âge de vingt ans en Afrique, avec une nombreuse armée, pour soutenir Muley-Mahamet, roi de Fez et de Maroc, que son oncle avait dépouillé de ses états. Les Portugais furent entièrement détruits dans une bataille, et Philippe II, roi d'Espagne, qui, après le décès de Sébastien, devait hériter de la couronne de Portugal, dans le cas où ce trône n'aurait point d'héritiers directs, s'empressa de répandre le bruit que Sébastien était au nombre des morts. Son corps, qu'on prétendait avoir trouvé sur le champ de bataille et avoir racheté des infidèles, fut transporté en Portugal, et inhumé à Belem, lieu de sépulture de ses ancêtres. Il paraît cependant que l'infortuné Sébastien, échappé à ses ennemis, parvint à se réfugier en terre sainte, d'où il débarqua en Calabre, sous un habit de pélerin.

N'osant se faire connaître dans un pays qui appartenait à l'Espagne, il resta caché pendant quelque temps à Malissano, sous le nom de *Marco-Tullio-Cottissone*. Fatigué de cette vie obscure, il s'embarqua pour Venise, afin d'y attendre une occasion de se rendre en Portugal. Son secret ayant transpiré, il fut arrêté et subit un interrogatoire où il prouva évidemment qu'il était dom Sébastien, roi de Portugal; néanmoins il fut emprisonné comme un imposteur. Les

Portugais qui se trouvaient à Venise, le firent évader sous un habit de moine, mais ayant été de nouveau arrêté à Florence, le grand-duc, dévoué à l'Espagne, l'envoya à Naples chargé de chaînes. Le comte de Lemos, vice-roi du royaume, l'ayant fait paraître devant lui, fut si frappé par l'air de grandeur et de dignité de son prisonnier, par la facilité avec laquelle il s'énonçait en langue portugaise, par la connaissance approfondie qu'il avait des affaires politiques de la cour de Lisbonne, qu'il jugea devoir s'assurer encore mieux de sa personne, en le faisant enchaîner dans un cachot jusqu'à l'arrivée d'un nouveau vice-roi, qui le fit condamner aux galères comme un imposteur possédé du démon. Le duc de Médina-Sidonia, ambassadeur à Lisbonne, sous le règne de Sébastien, ayant voulu voir ce personnage extraordinaire, fut tellement confondu et attendri à son aspect, qu'il se retira fondant en larmes. Enfin, la cour de Madrid jugeant que le plus sûr parti était de faire périr ce dangereux prisonnier, le fit exécuter dans l'île *delle Sémine*, près de Palerme. Que doit-on penser de ce fait singulier ? Les écrivains espagnols qui en ont fait mention, vendus à la politique atroce de Philippe II, se sont bornés à dire que le village de Malissano, en Calabre, avait donné naissance à un aventurier, nommé Marco-Tullio-Cottissone, qui, ayant avec le roi Sébastien une ressemblance frappante, avait voulu se faire passer pour ce prince mort en Afrique. Mais comment concevoir qu'un homme né obscurément dans un village de Calabre, profitant du hasard d'une ressemblance, pût avoir assez de talens, d'esprit et de connaissance des affaires de Portugal, pour jouer ce rôle avec une si grande perfection. L'ambitieux, l'implacable Philippe, ayant pu ordonner la mort de son propre fils, il ne serait point étonnant qu'il eût sacrifié ce roi de Portugal à sa barbare politique.

Le bon air de Catanzaro et le repos rétablissent nos malades ; une partie de ceux qui étaient restés à l'hôpital de Montéléone, nous ont rejoint, et le bataillon recommence à prendre une attitude militaire.

LETTRE XIX.

L'expédition anglaise se dirige vers l'Espagne. — Route de Catanzaro à Rossano. — Description ancienne et moderne du pays. — Château d'Annibal. — Cotrone. — *Capo del Colonne.* — Temple de Junon Lacinienne.

Rossano, 17 octobre 1808.

L'EXPÉDITION anglaise, retenue dans les ports de la Sicile par les coups de vent de l'équinoxe, ayant enfin mis à la voile, s'est amusée à nous donner une alerte, en louvoyant sur les côtes de la Calabre. Signalée au cap Vaticano, et paraissant vouloir se diriger vers le golfe de Saint-Euphémie, des ordres ont aussitôt été donnés à toutes les troupes de se rendre au plus vite sur les hauteurs de Mayda. En y arrivant, le 4 octobre au soir, nous vîmes l'escadre anglaise courir des bordées à deux lieues du rivage. On s'attendait à ce qu'elle effectuerait un débarquement pendant la nuit, mais, au point du jour, elle avait entièrement disparu. Nous restâmes cependant en position jusqu'à ce qu'on eut acquis la certitude qu'elle n'était plus en vue sur aucun point de la côte; on présume qu'elle s'est dirigée vers l'Espagne. Toutes les troupes sont rentrées dans leurs anciens cantonnemens, et le bataillon a reçu l'ordre le 7 octobre de retourner à Rossano, en suivant le même chemin qu'il avait parcouru deux mois auparavant. L'air étant rafraîchi par les pluies qui tombent en abondance vers la fin de septembre, et la terre parée d'une nouvelle verdure, notre voyage a été une promenade charmante; et je puis maintenant vous faire connaître cette intéressante contrée, que j'avais précédemment parcourue, pour ainsi dire, en dormant.

De Catanzaro on vient coucher à *Cropani*, bourg considérable, dont la position est charmante, mais l'intérieur d'une excessive malpropreté.

A quelques milles de Cropani, on traverse la plaine du marquisat. Elle est inculte, inhabitée, et fournit uniquement des pâturages abondans aux nombreux troupeaux descendus de la Syla pour y séjourner pendant l'hiver. Le chemin passe près d'un rocher situé sur le bord de la mer, et surmonté d'une tour nommée *Torre-di-Annibale*. Aux pieds de ce rocher, il existait anciennement un port où tous les historiens affirment qu'Annibal s'embarqua pour retourner en Afrique. Cette tour, environnée d'un grand nombre d'édifices délabrés, a de loin l'apparence d'un château qui domine une ville. Je m'empressai d'y monter avec quelques-uns de mes camarades, et nous fûmes bien surpris en trouvant un lieu inhabité et couvert de décombres. C'est une ancienne ville que les tremblemens de terre ont renversée il y a plusieurs siècles. Je n'ai jamais pu en savoir le nom. Le souvenir d'Annibal, retiré chez les Brutiens, lorsque la fortune lui devint contraire, et qu'abandonné par sa patrie et ses alliés, il en imposait encore aux Romains, peut seul donner quelque intérêt à ce lieu sauvage et pittoresque.

Nous avons séjourné le 12 à Cotrone, et j'ai profité de ce séjour pour aller visiter le cap *delle Colonne*. Ce lieu, connu des anciens, sous le nom de promontoire *Lacinien*, était célèbre par l'école de Pythagore et le temple de Junon Lacinienne, qui attirait de l'Italie et de la Grèce un grand nombre de pélerins. Enrichi par leurs offrandes et leurs pieux sacrifices, il était décoré d'ornemens riches et précieux, parmi lesquels on distinguait une colonne d'or massif. Les Romains accusent Annibal d'avoir été le premier destructeur de ce monument, cité comme un des plus beaux morceaux d'architecture qu'ait créés le génie des Grecs. Des historiens affirment que, lorsque ce redoutable adversaire de Rome eut le projet de s'embarquer pour retourner à Carthage, il rassembla dans ce temple les chefs du petit nombre d'alliés restés fidèles à sa mauvaise fortune, pour les engager à le suivre. Craignant, d'après leurs refus, qu'ils ne missent obstacle à son départ, il eut la cruauté de les faire tous impitoyablement massacrer par ses soldats africains, qui ensuite pillèrent et incendièrent ce temple magnifique, dont il ne subsiste plus maintenant qu'une seule colonne, environnée de ruines à moitié couvertes par les eaux de la mer. Ce somptueux édifice, bâti à l'extrémité du cap sur une plate-forme élevée, et se prolongeant en mer à une grande distance, devait avoir un aspect majestueux et imposant.

De retour à Cotrone, j'ai en vain cherché des ruines qui pussent indiquer la vaste enceinte de l'antique *Crotone*. Le peu qui en restait a été enlevé pour servir à la construction d'un mauvais port commencé depuis long-temps, et qui, d'après tous les inconvéniens qu'offre sa position, ne sera jamais d'une grande utilité pour le commerce.

La grandeur et la renommée de Crotone est due à Pythagore, le législateur et le réformateur de la grande Grèce. Ce fut à sa sagesse, à ses lumières, au soin que prirent ses disciples de propager sa sublime doctrine, que les divers états qui composaient ce pays furent redevables d'une célébrité à laquelle ils n'auraient jamais pu prétendre par leur étendue. Ce philosophe, attiré par la beauté des environs de Crotone et la salubrité du climat, y fixa son séjour. Cette ville, quoique anciennement fondée, était peu importante lors de son arrivée, mais, au moyen de ses sages institutions, les Crotoniates devinrent l'admiration de la Grèce. Leur sobriété, leur tempérance, leur désintéressement étaient passés en proverbes. Crotone devint bientôt un état très-florissant; son enceinte renfermait un espace de douze milles, et sa population devint si considérable, qu'elle pouvait mettre cent mille hommes en campagne. Elle fut la seule de toutes les colonies grecques qui donna des secours à la mère-patrie, lors de l'invasion des Perses. Mais la victoire qu'elle remporta sur les Sybarites lui devint funeste. Les vices et la mollesse qu'elle chercha à détruire, s'introduisirent dans son sein. Vaincue par les Locriens, qui agirent à son égard avec moins de barbarie qu'elle ne l'avait fait envers les Sybarites, sa décadence fut très-rapide. Lorsque Annibal parut devant ses murs, sa population était tellement réduite, qu'elle succomba sans opposer la moindre résistance. Après que ce grand capitaine eut quitté l'Italie, les Romains envoyèrent à Crotone une colonie, qui fut successivement ravagée par tous les peuples barbares qui ont dévasté l'Italie.

Charles-Quint, voulant en faire une forteresse, y fit construire un château, et entoura la ville d'une muraille élevée qui forme aujourd'hui la triste enceinte de Cotrone, réduite à une population de trois mille habitans rongés par la misère, et les maladies qu'occasionne la stagnation des eaux qui autrefois fertilisaient ces belles campagnes, et y entretenaient la santé et l'abondance. Son vaste territoire, quoique mal cultivé, fournit cependant une grande quantité de blé, qui forme, ainsi que le fromage, une branche de commerce assez considérable avec Trieste.

Nous partîmes le 13 pour *Cirò*, et, après avoir traversé une vaste plaine couverte de ronces et d'épines, nous passâmes au-dessous de *Strongoli*, petite ville située sur un roc escarpé, que l'on dit être l'ancienne *Petilia*, fondée par Philoctète. Ce fut dans son voisinage que *Marcellus*, cet illustre rival d'Annibal, perdit la vie. Un riche habitant de Rossano, profitant de notre passage à Cotrone pour retourner avec sûreté dans son pays, nous engagea à faire halte dans cet endroit, pour profiter d'une source qui se trouve à peu de distance du chemin. Combien cette eau fraîche et limpide nous eût procuré de douceur, si nous l'eussions connue lors de notre premier passage! En sortant de terre, elle est assez forte pour faire tourner un moulin, mais, près de son origine, elle se perd dans les sables, ce qui nous empêcha de la découvrir. Notre compagnon de voyage, homme fort instruit, nous dit que cette source était célèbre pour avoir donné lieu au combat où Marcellus perdit la vie. Placée entre les positions qu'occupaient les Romains et les Carthaginois, elle occasionna différens combats, dans l'un desquels le consul romain fut tué. On sait généralement qu'Annibal, si fertile en expédiens, voulut faire usage du cachet que Marcellus avait à une bague pour surprendre quelques places importantes qu'occupaient les Romains, et que sa ruse fut découverte au moment où elle allait être couronnée du succès.

Nous arrivâmes ensuite dans la petite ville de *Cirò*, bâtie au sommet d'une montagne. Le lendemain, nous traversâmes des bois épais, des plaines incultes et une plantation d'oliviers qui conduit à *Cariati*, triste bourgade, dont les habitans, pour se préserver des pirates, se sont entourés d'épaisses murailles.

Le jour d'après, nous suivîmes, entre la mer et de hautes montagnes, une plaine couverte d'une immensité d'oliviers plantés sans symétrie comme les arbres d'une forêt; et enfin, avant-hier, le bataillon est entré à Rossano, après avoir parcouru une contrée où l'on trouve à chaque pas les souvenirs les plus précieux de l'antiquité, oubliés maintenant sur cette plage désolée par le mauvais air, les tremblemens de terre, et dont la population, réduite à un grand état de misère, diminue chaque année.

Ayant eu occasion pendant la route de rendre de légers services à cet habitant de Rossano, il a beaucoup insisté pour me loger chez lui, et j'ai tout lieu de me féliciter de son obligeance. Il possède une des plus belles collections de livres latins, italiens et français qu'on puisse trouver chez un simple amateur. Ayant été pendant long-temps avocat distingué à Naples, il y a appris la langue française qu'il parle avec difficulté, mais qu'il écrit avec pureté et même avec élégance. Il vient de me montrer confidentiellement sa bibliothèque secrète, composée de nos meilleurs ouvrages philosophiques, dont l'ancien Gouvernement avait sévèrement prohibé l'introduction dans le royaume. C'est un vrai trésor, que je compte bien mettre à profit pendant le peu de temps que nous avons encore à passer ici.

Le bataillon reçut l'ordre de s'y rendre au mois d'août dernier, à l'occasion d'une révolte survenue dans le canton de *Longo-Bucco*. Les habitans s'étant refusés à payer les contributions, et ayant chassé le percepteur, après avoir tué plusieurs soldats de son escorte, on fit marcher contre eux un détachement de deux cents hommes qui ne se trouva pas assez en forces pour pénétrer dans ces montagnes qu'on dit être impraticables. L'armement des Anglais en Sicile, de concentrer la division, cette révolte resta impunie; mais à présent que l'on peut disposer des troupes, le Gouvernement veut rentrer dans ses droits, et, avant d'employer la force, on cherche à ramener les rebelles par la persuasion. Nous sommes à attendre le résultat de cette négociation.

LETTRE XX.

Expédition contre les insurgés de Longo-Bucco. — Description du pays.

Longo-Bucco, 12 novembre 1808.

Je vous écris de la contrée la plus sauvage des Apennins, après une expédition réellement militaire, et la première de ce genre que nous ayons encore faite en Calabre.

Toutes les voies d'accommodement ayant échoué devant l'obstination de ces rebelles dont je vous parlais dans ma dernière lettre, le bataillon reçut l'ordre de marcher pour les réduire. Longo-Bucco étant le principal foyer de l'insurrection, nous avons commencé par diriger notre marche sur ce point, et, le 1er novembre, cinq cent soixante hommes, partagés en deux colonnes, partirent à la pointe du jour, manœuvrant de manière à se trouver inopinément au centre des villages insurgés.

Longo-Bucco est à quinze milles de Rossano. Les chemins qui y conduisent sont effroyables, et toujours dominés par de hautes montagnes. Pour éviter de tomber dans des embuscades, nos guides (largement payés par le receveur des contributions de l'arrondissement) nous ont conduits avec prudence et habileté à travers de vastes forêts où l'on ne rencontre que des troupeaux de daims et de chevreuils, seuls habitans de ces olitudes. Vers trois heures après midi, nous arrivâmes au lieu indiqué pour la réunion. La seconde colonne y était déjà rendue, et nous attendait avec d'autant plus d'impatience, que déjà les cloches de tous les villages environnans sonnaient l'alarme. Bientôt après, une cohue de paysans armés vint s'établir sur une montagne qui domine toute la contrée. Nos dispositions d'attaque furent bientôt faites, et, dès que le redoutable pas de charge se fit entendre, cette multitude, saisie d'épouvante, prit la fuite dans le plus grand désordre. Nous arrivâmes avant la nuit sur une hauteur d'où l'on découvre Longo-Bucco, situé dans une vallée étroite, profonde, et traversée par un torrent qui roule avec fracas sur d'énormes rochers. Les hautes montagnes boisées qui entourent cet affreux endroit, y répandent une teinte sombre et sauvage qui attriste l'imagination. Ce bourg renferme une population hideuse de trois mille âmes, composée de cloutiers, de forgerons, de charbonniers. L'ancien Gouvernement l'employait à exploiter des mines d'argent situées dans le voisinage, et qui sont maintenant abandonnées. Nous passâmes la nuit sur les hauteurs, en établissant une ligne de feux très-étendue, pour faire croire à une force bien supérieure. On entendit pendant long-temps un grand mouvement dans cette étroite vallée. Des cris d'effroi retentissaient de toute part. Les habitans, craignant sans doute de nous y voir descendre au milieu de la nuit, le fer et la flamme à la main, s'empressaient de mettre en sûreté leurs biens et leurs personnes. Au point du jour, des détachemens occupèrent le sommet de toutes les montagnes environnantes, après quoi, deux cents hommes descendirent dans le village. Tous les habitans l'avaient évacué pendant la nuit, et il n'y restait plus que quelques vieillards impotens et le curé, venu à notre rencontre pour implorer l'humanité et l'indulgence du commandant, qui l'invita fortement à employer tout l'ascendant de son ministère pour engager les habitans à déposer leurs armes et à rentrer dans leurs maisons, sans quoi ils s'exposaient à les voir saccagées. Successivement il en revint une grande partie, et la tranquillité fut promptement rétablie sur ce point. Cependant les deux chefs de l'insurrection tenaient encore la campagne; le commandant, espérant les réduire par la persuasion, leur écrivit de venir le trouver en toute sécurité, leur promettant sur sa parole qu'il ne leur arriverait rien s'ils faisaient dissiper tous les attroupemens. Voyant qu'ils persistaient dans leur révolte, il se décida à aller les attaquer dans un village où il existait un rassemblement considérable qu'il était urgent de dissiper. A cet effet, il partit le 5 au soir avec quatre cents hommes, feignant de se diriger sur *Bochigliero*, mais, changeant tout-à-coup de direction quand la nuit fut venue, un mouvement rapide et bien combiné, nous porta sur le point qu'occupaient les insurgés, qui, fort heureusement, n'eurent aucune connaissance de notre approche. Le village où ils s'étaient réfugiés fut investi sans le moindre bruit, et à la pointe du jour, nous marchâmes de front pour l'attaquer. Ce village, perché comme un nid d'aigle sur une pointe de rocher, est adossé à un monticule qui en rend cependant l'accès abordable. Pendant qu'on essayait de parlementer avec les insurgés, qui répondirent à des paroles de paix par des coups de fusil, une grande rumeur se fit entendre dans le village; elle était occasionnée par l'apparition inattendue d'une vingtaine de nos soldats qui venaient de s'y introduire, après avoir escaladé des rochers presque inaccessibles. Aussitôt des cris à l'assaut! à l'assaut! s'élèvent de toute part; on se précipite sur le village, entouré en grande partie d'un mur élevé, et, malgré une vive fusillade, qui en un instant met plus de vingt hommes hors de combat, la porte est enfoncée par les sapeurs; les soldats se répandent dans les rues comme un torrent débordé, et alors commence un horrible massacre, rendu inévitable par l'obstination des insurgés, faisant feu de toutes les maisons. Ce malheureux village, pillé, incendié, subit toutes les horreurs inséparables d'une prise d'assaut. Le curé, un grand nombre de femmes, d'enfans et de vieillards parvinrent fort heureusement à se réfugier dans une église, où une partie des officiers se rendirent pour sauver cet asile de la brutalité des soldats. Nous avons éprouvé une perte considérable dans ce combat, où les insurgés, presque entièrement détruits, ont laissé plus de deux cents morts sur la place. Un grand nombre, espérant se sauver par les revers escarpés de la montagne, y a perdu la vie. Mais malheureusement les principaux personnages étant parvenus à s'évader, nous nous sommes de suite mis à leur poursuite, afin de prévenir de nouvelles machinations de leur part, et le détachement marcha sur Bochigliero, bourg considérable, mieux situé et mieux habité que Longo-Bucco, mais qui cependant avait pris une part très-active dans ces troubles. La nouvelle de nos succès y était déjà parvenue, et les habitans consternés s'empressèrent d'envoyer à notre rencontre une nombreuse députation, composée de toutes les autorités et des individus les plus marquans du pays. Le commandant, voulant profiter de ce premier moment de terreur pour désarmer cette commune sans *coup férir*, menaça d'envoyer la députation entière comme ôtage au château de Cosenza, si on ne livrait de suite toutes les armes existantes dans le pays. En moins d'une heure, on en déposa plus de trois mille qui furent aussitôt brûlées. Cent hommes sont restés à Bochigliero, et nous sommes retournés à Longo-Bucco.

Pour compléter cette triste victoire, il ne manque plus que de pouvoir saisir les auteurs de l'insurrection, dont les têtes ont été mises à prix.

Depuis deux jours un essaim d'employés subalternes est venu nous joindre pour lever dans ce canton tous les droits possibles; il parcourt les campagnes avec des détachemens qui n'éprouvent aucune résistance. Je profiterai de son retour à Rossano pour vous faire parvenir cette lettre; car jamais la poste n'a pénétré dans cette contrée qui présente l'image du chaos. On ne voit que des montagnes entassées qui s'élèvent *à pic*, des masses de rochers qui menacent d'écraser les habitations, et des torrens qui mugissent dans le fond des vallées profondes et ténébreuses.

LETTRE XXI.

Suite de l'expédition contre Longo-Bucco. — Anecdote. — Prise de l'île de Capri.

Rossano, 15 décembre 1808.

Huit jours après notre entrée à Longo-Bucco, la tranquillité fut entièrement rétablie dans tout le pays insurgé; cependant le général commandant la province craignait qu'il ne survînt de nouveaux troubles si on retirait les troupes avant que les deux auteurs de l'insurrection fussent arrêtés, et en conséquence, il enjoignit au commandant de continuer à occuper militairement ce canton jusqu'à ce qu'on les eût livrés morts ou vifs. Il survint à cette occasion un incident qui caractérise assez bien la ruse et la perfidie calabraise.

Nous avions tous connu à Rossano un petit abbé d'une très-jolie figure, vif, spirituel, amusant, qui, étant lié avec quelques officiers, était venu les trouver à Longo-Bucco ; s'offrant à nous être utile dans ce pays qu'il connaissait parfaitement. Employé dans quelques affaires où il montra du zèle et une rare intelligence, il sut bientôt gagner la confiance du commandant. Un jour il vint lui dire que, s'il lui confiait la conduite d'un détachement, il promettait d'arrêter les deux individus qu'il importait de saisir, et qu'il savait être cachés dans une ferme à quelques lieues d'ici, demandant, pour plus de sûreté, d'être caché dans les rangs, sous un habit de soldat. Le commandant, loin de s'attendre à une perfidie, adopta son projet qui présentait de grandes probabilités de succès. Voilà donc que nous nous mettons en devoir de transformer notre petit abbé en soldat, riant de tout notre cœur de cette mascarade. Aucun des effets du plus petit voltigeur ne pouvait lui aller ; la capote tombait sur ses talons, le schakos lui couvrait les oreilles, la giberne pendait sur ses jarrets, il pliait sous le poids du fusil que ses mains délicates osaient à peine toucher. On parvint cependant à tout ajuster pour le mieux, et le drôle, bien déguisé, part gaiement avec un détachement de vingt-cinq hommes, commandé par un officier. Après l'avoir fait errer de village en village par des chemins et des temps affreux, et l'avoir fait cacher pendant une journée entière dans un bois, il revêt son habit noir sous prétexte d'aller aux informations, après quoi il disparaît, et nous apprenons que tout ce manége avait pour but de lever, au nom du commandant, des contributions chez les plus riches particuliers. On peut juger de la fureur de cet officier et de celle du commandant, dont la délicatesse pouvait être compromise. Le signalement de ce fripon a été envoyé partout, et malheur à lui s'il tombe entre nos mains.

Cependant, un mois entier s'était déjà écoulé en recherches infructueuses, et le séjour de Longo-Bucco devenait de plus en plus insupportable. Nous étions entourés de neige et de brouillards, il tombait des torrens de pluie qui inondaient l'étroite vallée que nous habitions, au point qu'on ne pouvait plus communiquer d'une maison à l'autre. Pour hâter le moment de quitter cette effroyable demeure, on prit de nouvelles mesures de sévérité, qui, en augmentant le malaise des habitans, les forcèrent à poursuivre franchement les auteurs de tous leurs maux. Voyant qu'ils ne seraient débarrassés de nous qu'en les livrant, ils ont fait tant de démarches qu'enfin le 6 de ce mois, le commandant vit entrer dans sa chambre, à la pointe du jour, le sergent de garde, précédant deux hommes tenant chacun par les cheveux une tête encore sanglante. Ce hideux spectacle, au moment de son réveil, le glaça d'horreur. Les deux chefs tombés cette même nuit dans un piége qui leur fut tendu avec bien de l'adresse, étaient ainsi devenus victimes de la lâche perfidie et de la barbarie de leurs propres partisans. L'identité ayant été suffisamment constatée, la mort des principaux acteurs a terminé cette sanglante tragédie, et nous sommes sortis de ces *catacombes apennines* pour revoir le plus brillant soleil.

A notre retour à Rossano, un officier venant de Naples, nous a donné des détails fort intéressans sur l'exploit glorieux qui vient de signaler l'avénement de Murat au trône.

L'île de Capri, si renommée par les débauches et les cruautés de Tibère, est un rocher escarpé fortifié par l'art et par la nature. Située à l'entrée du golfe de Naples, les Anglais qui s'en étaient emparés, interceptaient toutes les communications par mer, et faisaient avancer leurs flottes majestueuses jusques sous les canons des forts de la capitale. Deux fois, sous le règne de Joseph, on avait vainement essayé de reprendre ce *petit Gibraltar* (c'est ainsi que les Anglais la nomment). Cette entreprise présentait les plus grandes difficultés, et Murat est parvenu à l'enlever par un de ces coups hardis qui caractérisent sa fortune et sa grande valeur. C'est incontestablement un des plus beaux faits d'arme qu'on puisse citer. Nos soldats arrivés en plein jour sur des barques légères au pied de l'île, n'ont pu parvenir à s'y établir qu'en gravissant un à un sous le feu de l'ennemi, des rochers à pic qui présentent de quatre-vingt à cent cinquante pieds d'élévation. Des pièces de douze et de vingt-quatre y sont également parvenues après des efforts surnaturels, et, pour battre le fort principal, il a fallu conduire cette artillerie à force de bras sur la plus haute sommité de l'île qui s'élève de sept cents toises au-dessus du niveau de la mer. Le général de division Lamarque, commandant cette belle expédition, décidé à vaincre ou à périr, a fait éloigner toutes les embarcations, aussitôt que les troupes, au nombre de mille cinq cents hommes, ont été débarquées. Peu de jours après, une escadre ennemie est venue entourer l'île, et nos troupes sont devenues à la fois assiégeantes et assiégées. Bientôt le manque de vivres et de munitions a mis le comble à la situation critique des Français, prêts d'être eux-mêmes forcés à se rendre. Mais un coup de vent ayant fort heureusement forcé les Anglais à s'éloigner momentanément, des chaloupes canonnières sont parvenues à ravitailler nos troupes; et enfin, après treize jours des plus pénibles travaux, les Anglais, chassés de tous les forts, ont été réduits à évacuer l'île, à la vue de leurs vaisseaux.

amenant un renfort qui n'a point osé débarquer. Jamais entreprise plus difficile ne fut conduite avec plus d'audace et de succès. Cet événement, fort heureux pour la capitale dont le commerce était entièrement paralysé, accrédite singulièrement le roi dans l'esprit de ses nouveaux sujets, et lui donne un nouveau relief aux yeux de tous les Français.

LETTRE XXII.

Départ pour Corigliano. — Beauté de ses environs. — Position de Sybaris. — Notice sur cette ancienne ville. — Sa destruction. — État actuel du pays.

Corigliano, 19 janvier 1809.

Je n'ai jamais été plus frappé des contrastes étonnans que présente la Calabre, qu'en quittant les aspects sombres et terribles des montagnes de Longo-Bucco, pour venir habiter les plaines autrefois si fertiles et si riantes des anciens Sybarites.

Peu de jours après notre retour à Rossano, le bataillon prit ses quartiers d'hiver entre cette dernière ville et celle de Cassano, occupant ainsi une partie des côtes orientales de la Calabre baignées par les eaux du golfe de Tarente. Corigliano étant situé au centre des cantonnemens, l'état-major du bataillon reçut l'ordre de s'y établir avec les deux compagnies d'élite. On y arrive de Rossano en traversant une plaine délicieuse, qui, dans cette saison, offre encore tous les charmes du printemps. Des pluies légères survenant par intervalles, entretiennent une végétation toujours activée par la chaleur du soleil, qui, dans cet heureux climat, ne perd jamais son influence. La population des environs se répand pendant l'hiver sur ces riches campagnes dont la beauté augmente encore à mesure qu'on approche de Corigliano.

Cette petite ville, peuplée de cinq mille habitans, s'élève en amphithéâtre sur une colline dominée par un beau château qui semble destiné à être la sauve-garde de tous les trésors qui l'environnent. On voit de toute part des plantations d'orangers, de citronniers, de cédras, dont les sommets arrondis, différens en forme et en nuances, présentent une image réelle du jardin des Hespérides. C'est, après Reggio, la situation la plus délicieuse de la Calabre, et le pays le plus riche en productions de toute espèce. L'intérieur de la ville que l'on traverse pour monter au château, a des rues étroites, sales, tortueuses et de tristes habitations, qui, au milieu de tant de richesses, offrent un aspect de misère révoltant. Il y a cependant quelques belles maisons et un assez grand nombre de familles aisées, dont la société nous procure de l'agrément.

Le duc de Corigliano était un des plus riches seigneurs de cette province, et un des plus redoutés par ses malheureux vassaux, qui en parlent peut-être avec quelque exagération. Le château qu'il habitait pendant quelques mois de l'année, et que nous occupons maintenant, est un carré flanqué de grosses tours, et entouré d'un large fossé taillé dans le roc; on y entre par un pont-levis, ce qui en fait une petite citadelle. Officiers et soldats, tout le monde a trouvé à s'y loger commodément. Nos appartemens donnent sur une terrasse magnifique, d'où l'on jouit d'un des plus beaux coups-d'œil que puisse offrir l'Italie. La vue embrasse toute l'étendue du golfe de Tarente, le sommet glacé de l'Apennin, la vaste plaine au milieu de laquelle Sybaris était située, et, autour de la ville, on voit un grand nombre de fermes et de maisons de campagne entourées par ces plantes et ces arbustes conservés dans nos serres comme un ornement du règne végétal.

A peine étions-nous arrivés, que les principaux habitans vinrent nous rendre visite, et nous apportèrent une abondante provision des meilleures denrées qu'offre leur pays. Nous leur témoignâmes le désir d'aller parcourir le terrain où avait existé l'antique Sybaris, et nous partîmes le lendemain favorisés par une de ces belles journées d'hiver dont le climat de la Provence ne présente qu'une faible image. Nous arrivâmes bientôt sur les bords du Chratis qu'il faudrait interroger pour connaître le véritable emplacement de Sybaris dont il avait fait l'ornement et la richesse, et dont il devint le fléau destructeur.

Cette ville si renommée dans l'antiquité par ses délices et par ses malheurs, était la plus ancienne et la plus florissante des colonies fondées par les Grecs sur les côtes de l'Italie. La douceur de son climat, la fertilité de ses campagnes, sa position entre deux rivières assez considérables, le Chratis et le

Sybaris (aujourd'hui nommé Cocillo), l'avaient rendue une des cités les plus opulentes de l'antiquité. Sa nombreuse population, jointe à celle des colonies qu'elle fonda dans son voisinage, lui permettait de mettre trois cent mille hommes sous les armes. Enrichie par l'agriculture, les arts et le commerce, elle fut pendant long-temps prédominante sur toutes les côtes de la Grande-Grèce. Les médailles, les statues et les vases antiques qui ont survécu à sa ruine, attestent que les arts y furent portés au plus haut point de perfection. La vie efféminée des Sybarites est passée en proverbe, et on cite sur leurs mœurs et leurs coutumes des traits qui sont à peine croyables. Abandonnés à toutes les voluptés, sacrifiant tout aux jouissances momentanées, leur unique occupation consistait à embellir le court passage de la vie, par toutes les sensations que leurs organes pouvaient recevoir. Mais le luxe et la mollesse, compagnes inséparables de l'extrême opulence, les corrompirent, et occasionnèrent leur ruine totale. L'histoire, en indiquant l'époque de la destruction de cette république, n'a point fait connaître les motifs qui décidèrent ses ennemis à la consommer.

Cinq cent soixante-huit ans avant l'ère chrétienne, les Crotoniates marchèrent contre les Sybarites, commandés par le fameux Athlète *Milon*, qui les conduisit au combat, armé, vêtu comme Hercule, et couronné des prix qu'il avait remportés aux jeux Olympiques. Les Sybarites ayant mis trois cent mille hommes en campagne, les deux armées en vinrent aux mains sur les limites de leur territoire, séparé par l'Hilias, aujourd'hui le *Trionto* (torrent qui coule entre Rossano et Cariati.) Les Crotoniates remportèrent une victoire signalée, exterminèrent la plus grande partie de leurs ennemis, et détruisirent Sybaris de fond en comble. Les digues qui contenaient les deux rivières ayant été rompues, leur cours impétueux eut bientôt renversé et emporté tous les édifices. Le peu d'habitans qui survécurent à tant de désastres, se retira à quelque distance, où il fonda la ville de *Thurium*, qu'on croit être aujourd'hui *Terra-nuova*.

La destruction de Sybaris fut si complète, qu'il n'en reste plus de trace. Les deux rivières qui faisaient l'ornement et la richesse de ses belles campagnes, si fertiles et si peuplées, les ont transformées en un marais infect, qui, pendant les chaleurs, exhale des émanations pestilentielles. Il n'exista jamais sur la terre une métamorphose plus complète, un changement plus déplorable, tellement que, malgré la certitude qu'on a acquise sur la situation de cette ville, on serait porté à considérer son existence dans ces lieux comme une impossibilité physique. Cependant, en examinant la beauté de cette contrée, l'imagination se plairait à y placer Sybaris; car, il serait difficile de trouver une position plus heureuse. De superbes montagnes, couvertes de villes et de villages, entourent une vaste plaine arrosée par des rivières, et la mer, en avançant dans les terres, forme un immense bassin, qui perfectionne ce bel ouvrage de la nature.

Cette grande enceinte est maintenant possédée par les ducs de Cassano et de Corigliano. Les terrains qui ne sont point submergés par les inondations, fournissent des grains en abondance, et la partie laissée en friche, produit naturellement, et sans culture, la plante de réglisse. Le reste se compose d'immenses pâturages, où l'on voit, pendant l'hiver, d'innombrables troupeaux de toute espèce, qui concourent à rendre les revenus des deux propriétaires fort considérables. On y voit principalement des chevaux et des mulets, élevés avec le plus grand soin. Les races du duc de Cassano ont dans tout le royaume une réputation bien méritée.

Après avoir passé une partie de la journée à parcourir cette contrée si intéressante par ses souvenirs, on nous conduisit à une grande et belle ferme, appartenant au duc de Corigliano, dont l'agent nous fit servir un excellent repas, et nous prépara pour le lendemain une grande partie de chasse.

Je remets à vous donner une autre fois des détails sur l'excellente vie que nous menons dans cette ville, dont les habitans semblent se plaire à nous entourer des égards et des prévenances qu'ils n'accordaient qu'avec peine à leur ancien seigneur.

LETTRE XXIII.

Affabilité des habitans de Corigliano. — Ressources qu'offre ce pays pour la chasse. — Ses productions.

Corigliano, 27 février 1809.

La race efféminée des Sybarites était connue dans l'antiquité par sa politesse et ses vertus hospitalières. Ces qualités semblent inhérentes à la nature bienfaisante du sol et du climat, à en juger par les dispositions actuelles des habitans dont nous reconnaissons les bons procédés en leur offrant notre table; c'est la plus grande politesse que nous puissions leur faire, car jamais militaires en campagne n'en eurent de meilleure. Les plaines et les forêts nous fournissent du gibier de toute espèce, la mer, dont nous sommes à peu de distance, nous procure les poissons les plus variés, et on s'empresse de nous apporter des vins délicieux. Les officiers du bataillon, cantonnés dans le voisinage, viennent tous à l'envi partager nos plaisirs, notre bonne chère ; enfin, Corigliano est vraiment devenu pour nous une moderne Sybaris. Ce qui augmente encore le charme de notre position est de ne plus entendre parler de brigandage.

Cette ville prit part à l'insurrection générale qui éclata après la bataille de Saint-Euphémie, elle voulut même opposer quelque résistance lors de la retraite du général Régnier, ce qui occasionna l'incendie et le pillage de plusieurs maisons. Un grand nombre de ses habitans s'adonnèrent ensuite à ce brigandage, mais leur chef, un des anciens sbires du duc, ayant été pris et pendu, la bande qu'il commandait se dissipa, et finit par rentrer dans ses foyers à la faveur d'une amnistie ; si bien que depuis près d'un an, on jouit dans tout ce canton d'une entière sécurité. Aussi, la passion de la chasse s'est emparée de nous avec une telle fureur, que nous passons presque toutes nos journées à chasser, ayant pour guides les principaux habitans qui se livrent avec d'autant plus de plaisir à cet exercice, que leur ancien seigneur envoyait aux galères ceux qui contrevenaient aux ordres despotiques qu'il avait donnés pour l'interdire. D'ailleurs le gibier s'est tellement accru que les campagnes en sont ravagées, et qu'en le détruisant, nous rendons un service réel. Je doute qu'il existe en Europe une contrée qui fournisse des espèces plus variées. Nous partons tous à cheval à la pointe du jour, munis d'excellentes provisions de bouche, et suivis d'une meute considérable de chiens courans. Ils sont d'une race particulière à la Calabre, connue sous le nom de *Braccofocato*. Deux et trois jours sont employés à traquer les plaines de Sybaris et les forêts des Apennins. Les plus beaux sites sont choisis pour faire ces haltes de chasse, toujours assaisonnées d'un appétit dévorant; les nuits passées dans les fermes sont de véritables saturnales, et nous rentrons suivis de voitures et de mulets chargés de sangliers, de chevreuils, de daims, de lièvres, de faisans, de canards, d'oies sauvages, sans compter les renards et les loups dont nous avons déjà détruit une immense quantité.

On fait en outre dans cette contrée une

chasse fort extraordinaire, c'est celle des taureaux sauvages. Entre le Chratis et le Cocillo, au lieu même où s'élevaient autrefois les somptueux édifices de Sybaris, il existe un vaste terrain couvert d'excellens pâturages, entouré de marais profonds et seulement abordable par mer. Il s'y est propagé une race de taureaux et de vaches qui vivent dans l'état de nature, n'ayant ni marques, ni gardiens. La chasse qu'on fait à ces animaux, dont la chair est succulente, n'exige assurément point d'adresse, mais elle présente de grands dangers. Un jeune homme de Corigliano, poursuivi par un taureau blessé, eût infailliblement été éventré, si quelques chasseurs habiles, accourus à ses cris, n'eussent abattu à temps l'animal furieux. Cet accident, survenu la seconde fois que nous y fûmes, ôta tout désir d'y retourner.

Nous allons souvent en partie de plaisir à Cassano, petite ville à quinze milles de Corigliano, bien bâtie, dans une situation charmante, et où l'on trouve des eaux thermales, souveraines pour guérir les rhumatismes. Le chevalier de Serra, frère du duc, habite constamment la ville où il surveille les intérêts de sa maison, et nous accueille avec une grande politesse. Les officiers du bataillon qui y sont cantonnés, logent au château où ils sont traités splendidement.

Pour aller à Cassano, il faut passer le Chratis; cette rivière, abandonnée depuis tant de siècles à son cours impétueux et irrégulier, ne permet l'établissement d'aucun genre de pont, et on a cherché à y suppléer, au moyen d'une énorme charrette à deux roues, surmontée d'un étalage en planches proportionné à la hauteur de l'eau. Cette barque roulante attend les passans sur le rivage; aussitôt qu'il y en a un assez grand nombre de réunis, le conducteur pousse des cris aigus, et à sa voix, deux buffles de la plus haute taille, sortent tout fangeux des marais voisins pour venir se ranger docilement sous le joug. Attelés à cette pesante machine chargée de personnes et d'effets, ils la traînent péniblement à l'autre bord. Les roues, enfonçant alternativement plus ou moins dans la vase, occasionnent des mouvemens qui tiennent constamment dans la crainte qu'elle ne verse au milieu de l'eau. Pour surcroît d'inquiétude et d'embarras, il faut tenir par la bride les chevaux suivant à la nage, et pouvant à peine résister à la violence du courant. Je n'ai réellement jamais traversé cette rivière, sans craindre qu'elle ne réalisât pour moi le passage de l'*Achéron*.

Un des plus grands rapports du duché de Corigliano consiste dans la fabrication du jus de réglisse. Au mois de novembre, on arrache la racine de cette plante que l'on fait sécher dans des étuves, puis elle passe sous une meule qui l'écrase et la rend semblable à de l'étoupe. On la jette ensuite dans une chaudière d'eau bouillante, d'où elle passe dans une seconde chaudière qui la réduit à la consistance nécessaire pour être mise en bâton, telle qu'on l'exporte à l'étranger.

La nature semble s'être étudiée à réunir dans cette contrée tous les genres de productions, même celles qui sont étrangères aux climats les plus favorisés. Les montagnes voisines de Corigliano fournissent la manne la plus estimée de la Calabre. L'arbre qui la produit est le frêne fleuri à petites feuilles, nommé *ornus*. Il croît sans culture au milieu des forêts, et on recueille sa substance moyennant une incision horizontale faite dans le tronc de l'arbre. La manne formait un des revenus de la couronne, qui l'affermait à une compagnie, dont le privilége exclusif était une nouvelle source de vexations pour les malheureux paysans, employés à cette récolte par contrainte, et tenus sous une surveillance réellement barbare.

Les brigands, interdisant la libre circulation dans la plupart des forêts, empêchent le Gouvernement actuel de retirer aucun avantage de cette branche de commerce.

Ce n'est pas sans éprouver de vifs regrets que nous voyons approcher la saison qui amène ordinairement des changemens dans l'emplacement des troupes. Il faudra sans doute quitter bientôt cette délicieuse contrée. La douceur du climat, la bonne qualité des vivres, surtout du vin, et un repos de trois mois, ont ramené la force et la santé parmi nos soldats. Dans le courant de la campagne dernière, le bataillon a perdu deux cent quinze hommes, dont plus de moitié ont été victimes du climat. Cette perte vient d'être réparée par l'arrivée de cent quatre-vingts recrues qui nous ont amené des effets de toute nature, et l'on peut maintenant disposer de nous comme on voudra.

LETTRE XXIV.

Conduite de Murat envers l'armée française. — L'Autriche déclare la guerre à la France. — Événemens militaires dans la Haute-Italie. — Préparatifs des Anglais en Sicile. — Notre position en Calabre.

Cosenza, 26 avril 1809.

Notre séjour à Corigliano s'est heureusement prolongé plus long-temps que nous ne l'avions pensé. Le bataillon est encore resté tout le mois de mars dans ses cantonnemens, et il est venu à Cosenza, au commencement d'avril, disposé à courir de nouvelles chances. Tout annonce que cette campagne sera active. Toutes les troupes sont en mouvement. Il vient d'arriver de Reggio un régiment qui se rend à marches forcées dans la haute Italie. Je profite de cette occasion pour vous faire connaître notre situation politique et militaire en Calabre. Cette lettre sera mise à la poste à Rome, pour la soustraire aux entraves que l'on apporte à notre correspondance avec la France.

Pendant que nous vivions éloignés de toutes tracasseries, et uniquement occupés à poursuivre des loups et des sangliers, il se passait autour de nous des choses bien étranges. Murat, dont les Français avaient tant fêté l'arrivée dans ce royaume, est loin de satisfaire notre attente. Dans l'espoir de gagner l'affection de ses nouveaux sujets, il s'est empressé d'aller au-devant de toutes leurs réclamations, et d'accueillir les dénonciations qui lui sont envoyées de toute part contre l'armée française. Les Calabrais lui paraissant les plus difficiles à soumettre, il s'est étudié plus particulièrement à gagner leur affection, en donnant accès à des calomnies atroces et à de virulentes dénonciations dirigées contre des troupes qui depuis si long-temps luttent avec constance pour tenir dans la soumission cette partie du royaume. Il est assurément résulté de graves inconvéniens du regime militaire établi dans ces provinces : il s'y est commis de grands abus d'autorité. Quelques individus y ont tenu une conduite très-répréhensible. Qu'on sévisse contre les coupables! l'armée entière en sera satisfaite ; mais il est aussi injuste qu'impolitique de nous rendre tous victimes de la violente inimitié des habitans. Elle est sans bornes contre le nom français, et le nouveau roi ne devrait pas oublier qu'il est le premier Français dans ce pays. Au lieu d'écouter son propre intérêt, Murat, s'abandonnant aux perfides insinuations de quelques seigneurs napolitains qui sont facilement parvenus à s'insinuer dans son esprit en cajolant son amour-propre, Murat, dis-je, s'est laissé persuader que la nation, flattée de l'avoir pour souverain, et disposée à se dévouer à sa personne, était seulement exaspérée par les vexations des militaires français. Qu'il prenne garde de trop s'isoler au milieu de ces perfides Napolitains ! leur séduisant langage cache le plus souvent un piége insidieux.

En attendant, tous les Français qui occupaient des places dans l'administration des provinces, viennent d'être remplacés par des nationaux, mais cette mesure, équitable en elle-même, et conforme aux intérêts du pays, semble avoir été dictée uniquement dans l'intention d'encourager la haine qu'on nous porte. Une foule d'individus, qui, il y a dix ans, avaient joué un rôle politique, ou exercé des emplois militaires, lors de la création de la république parthénopéenne, sont venus abjurer aux pieds du trône les principes républicains qui les avaient fait proscrire de leur pays, et ont reçu des dignités, des grades militaires, des commandemens de province, d'arrondissement; et, l'on veut qu'après avoir péniblement et glorieusement acquis nos grades sur les champs de bataille, nous obéissions à des aventuriers dont la plupart ne briguent des places que dans l'intention d'y faire fortune. Il en est résulté que les officiers français, mécontens et découragés, éludent l'exécution des ordres qui leur sont donnés par ces chefs inhabiles, que toutes poursuites contre les brigands ont presque entièrement cessé, et qu'on se borne seulement à les repousser lorsque la sûreté des troupes l'exige. Cet état de choses aggrave journellement la situation de ce pays, et d'autant plus que le roi, après avoir ainsi mécontenté l'armée, semble s'étudier à la désorganiser, en enrôlant dans sa garde et dans les régimens napolitains qu'il commence à former, tous les sous-officiers et soldats qui, éblouis par le clinquant des uniformes napolitains, abandonnent illégalement nos drapeaux. Les régimens qui sont à Naples ou dans les environs, ont eu déjà plus de trois mille déserteurs. Tous les colonels, ayant vainement fait les plus instantes réclamations à cet égard, ont été obligés d'adresser leurs plaintes au ministre de la guerre, à Paris. De là l'ordre donné à la poste de Naples d'ouvrir toutes les dépêches adressées en France, ce qui oblige de les faire parvenir à Rome par des voies détournées.

Pendant que le roi se livre imprudemment à de perfides conseillers, une nouvelle guerre vient d'éclater en Allemagne et dans le nord de l'Italie. L'armée du prince Eugène attaquée inopinément le jour même où les Autrichiens ont notifié la déclaration de guerre, s'est vue forcée de se replier derrière l'Adige. Ce succès momentané a fait naître de grandes espérances aux mécontens de ce pays, qui déjà répandent la nouvelle de l'entrée des Autrichiens à Milan. Tous les esprits sont en fermentation, et nous pouvons juger au ton d'arrogance, peu habituel chez les Calabrais, qu'ils se croient au moment d'assouvir leur haine, et avec d'autant plus de facilité que les Anglais préparent en Sicile un grand armement évidemment dirigé contre ce royaume, pour coopérer aux efforts de la nouvelle coalition qu'ils viennent de former.

L'horizon qui nous environne est gros d'orages, mais nous saurons y faire tête, quoique l'armée soit considérablement affaiblie par le départ successif de plusieurs régimens dirigés vers la Haute-Italie. Notre division réduite à moins de quatre mille hommes, sera probablement la première aux prises avec l'ennemi; séparée du gros de l'armée en partie réunie à proximité de la capitale, isolée dans un pays aussi difficile et aussi dangereux, elle pourra se trouver dans des positions pénibles; aussi les troupes ont-elles été concentrées sur trois points principaux. Dans l'état actuel des choses, il importe que le roi, éclairé sur ses véritables intérêts, ne cherche pas trop à s'accréditer à nos dépens dans l'esprit des Napolitains, qui auraient bientôt brisé l'idole si elle n'était soutenue par nous.

LETTRE XXV.

La flotte anglaise entre dans le golfe de Naples. — Inquiétudes de Murat. — Ordre aux troupes françaises de se rapprocher de la capitale. — Le fort de Scylla assiégé par les Anglais.

Du camp de la Coronna, 30 juin 1809.

Les succès étonnans de la grande armée, son entrée à Vienne le 13 mai et la prompte retraite des Autrichiens forcés d'évacuer en toute hâte les provinces du royaume d'Italie qu'ils avaient momentanément occupées, ont procuré à ce pays un calme auquel on était loin de s'attendre, et nous sommes restés à Cosenza jusqu'au moment de la tardive apparition des Anglais. La cour de Palerme semble destinée à être le jouet éternel de ces perfides alliés dont les secours, toujours donnés à contre-temps, l'ont constamment entraînée dans de fausses démarches qui deux fois l'ont privée de la couronne. Les Anglais qui entretiennent des forces considérables en

Sicile et à Malte, auraient pu cette fois opérer une grande diversion, et occasionner même un soulèvement général, si leur flotte fût sortie au moment de la marche rapide des Autrichiens sur l'Adige, mais, pour agir, ils ont attendu que cette puissance fût écrasée.

Le 14 juin, on apprit enfin que leur grande expédition mettait à la voile, toutes les troupes furent dès-lors en mouvement, et le bataillon se rendit à Nicastro. Le 17, le général de division fut instruit par le télégraphe de son entrée dans le golfe de Naples, et reçut en même temps l'ordre d'évacuer la Calabre. Jamais un armement aussi formidable ne s'était montré devant cette grande ville. La flotte ennemie portant dix-huit mille hommes de troupes de débarquement dont six mille Siciliens, se composait de plus de deux cents bâtimens. Le roi inquiet pour sa capitale, où, malgré sa grande popularité, il pouvait cependant survenir quelque révolte, se hâta d'y réunir l'armée. Le mouvement commença aussitôt à Reggio; Le camp de la Coronna fut levé, et on pourvut le fort de Scylla d'une garnison suffisante. Le 18, les deux bataillons qui se trouvaient à Nicastro avec nous, reçurent l'ordre de partir le lendemain, et dans la journée on vit passer successivement une partie de la cavalerie, de l'artillerie et les ambulances. Le même jour, descendit des montagnes un général napolitain suivi d'un rassemblement de trois mille individus armés de fusils, de pistolets, de sabres et de poignards, qui en un moment encombrèrent les rues et les maisons, criant, gesticulant, menaçant et occasionnant un tumulte épouvantable. C'était un composé de volontaires de la garde nationale, de brigands amnistiés, de vagabonds et de malfaiteurs, dont l'effroyable apparition présageait de sinistres événemens.

Notre commandant voyant que, dans le mouvement général qui s'opérait, le bataillon seul ne recevait aucun ordre, eut le pressentiment qu'il devait avoir une destination particulière avec cette horde de bandits, et, pour s'en assurer, il fut trouver ce général napolitain, auquel il arracha un aveu qui confirma ses craintes.

Cet officier-général, né en Calabre, où il

a de grandes propriétés, se flattait d'y trouver un bon nombre de partisans. Compromis aux yeux de la cour de Palerme, il est forcément attaché à la cause du nouveau roi, et il s'était inconsidérément offert à défendre la Calabre avec les habitans dévoués au nouveau gouvernement qu'il affirmait pouvoir réunir en grand nombre, demandant seulement à être soutenu par un bataillon français; et je ne sais par quelle fatalité, le nôtre avait eu cette destination, aussi périlleuse que peu honorable.

Le commandant, jugeant toutes les chances affreuses auxquelles nous pouvions être exposés, se décida de suite à partir pour Montéléone, où il me proposa de l'accompagner. Nous y arrivâmes le lendemain avant le jour. Tout y était déjà sur pied; Montéléone devait être entièrement évacué le jour même. Le général de division apprécia les motifs puissans qui lui furent exposés. Nous revînmes avec lui à Nicastro, où l'horrible conduite et la mine effroyable de ces hommes destinés à défendre la Calabre, acheva de le convaincre que nous serions sacrifiés en pure perte; et, en conséquence, il nous donna l'ordre de suivre le mouvement de la division dont le bataillon formerait l'arrière-garde, en marchant à une journée de distance.

Nous vîmes passer nos troupes avec un serrement de cœur inexprimable. Enveloppés par ces perfides auxiliaires qui commettaient tous les désordres imaginables, et ne cessaient de tirer des coups de fusil, nous avions tout au moins quelques assassinats partiels à redouter; en conséquence, le bataillon fut tenu sous les armes, et il sortit de la ville avant la nuit pour prendre position sur les hauteurs, en attendant l'heure du départ fixée au lendemain.

Ce général napolitain voyant que le désordre augmentait encore après notre départ, au point de craindre pour sa propre sûreté, s'esquiva furtivement pour venir nous joindre, honteux d'avoir commis une bévue qui lui a coûté ses chevaux, ses équipages, pillés par ses chers compatriotes, qui se sont ensuite débandés, laissant partout des preuves de leurs mauvaises dispositions.

Impatiens de rejoindre l'armée pour prendre part aux combats que nous présumions devoir se livrer devant Naples, nous partîmes le 21 à une heure du matin, marchant sur le sommet des montagnes pour nous garantir des embuscades. Arrivés sur les hauteurs qui dominent Scigliano, le son de la trompette nous annonça que ce bourg était encore occupé par notre cavalerie, et au moment où nous commencions à y descendre, nous rencontrâmes un détachement de chasseurs à cheval qui précédait un officier d'état-major chargé d'apporter au bataillon l'ordre de rétrograder, et de marcher en toute hâte sur Montéléone. Il nous annonça que les Anglais, voulant débarquer sur la côte de Baïa, après s'être emparés des îles d'Ischia et de Procida, avaient été repoussés avec perte, que la ville de Naples était tranquille, et que le roi n'ayant plus d'inquiétude sur ce point essentiel, avait envoyé l'ordre à la division de rentrer en Calabre.

De retour à Nicastro, nous y fûmes reçus comme des libérateurs, tant l'apparition de ces bandes armées y avait jeté l'épouvante; on s'empressa de nous fournir des rafraîchissemens, et, après un repos de quelques heures, le bataillon partit pour Montéléone, où il arriva le 22 à la pointe du jour, ayant fait par une excessive chaleur près de soixante milles en trente-quatre heures. Des dragons siciliens, entrés la veille dans cette ville, n'eurent que le temps de se sauver à toute bride. Le drapeau du roi Ferdinand flottait sur tous les clochers des villages environnans, et les Anglais assiégeaient le fort de Scylla.

Le 24, le quartier-général rentra à Montéléone; le même jour le bataillon se porta sur *Mileto*. Les régimens qui avaient commencé le mouvement de retraite, et qui, pendant six jours consécutifs, firent plus de trente milles pour nous rejoindre, étant tous réunis au camp devant Mileto, la division en partit le 27 pour attaquer les Anglais, qui, à notre approche, ont précipitamment levé le siége de Scylla, abandonnant toute leur artillerie de siége et une centaine de prisonniers. En arrivant le 28 au matin sur l'Aspramonte, nous avons vu leurs embarcations traverser le détroit pour retourner en Sicile.

Les Anglais n'ont donc retiré de cette expédition préparée à si grands frais, que le stérile avantage d'occuper momentanément deux îles dont ils vont être obligés de nourrir les habitans.

LETTRE XXVI.

La flotte anglaise rentre dans les ports de la Sicile. — Résultats de l'expédition. — Camp de la Corouna. — Anecdote. — Procès singulier.

Du camp de la Coronna, 31 juillet 1809.

LA campagne est, je crois, terminée pour cette année. Séparés des Anglais par un bras de mer, les hostilités ont entièrement cessé, et si par fois le canon des batteries de la côte ne se faisait entendre, il semblerait que nous sommes venus passer l'été sur cette montagne pour y jouir d'une vue dont la beauté me paraît surpasser celle du golfe de Naples. Elle nous distrait tous les matins de la monotonie de nos exercices qui ont lieu de quatre à six heures. On respire alors sur ces hauteurs un air vif et léger rafraîchi par des brises bienfaisantes qui nous apportent les parfums de ces arbustes odorans dont les marines sont ornées. Mais quand le soleil est d'aplomb sur nos têtes, le camp devient inhabitable, et nous allons faire la méridienne sous l'ombrage des grands châtaigniers qui nous environnent. On est réellement subjugué par la mollesse de ce climat; il commande le sommeil, et on se laisse nonchalamment aller à ce *dolce-far-niente* qui a tant de charmes pour les Napolitains.

Pourvu toutefois que le repos dont nous jouissons ne soit pas troublé par une de ces grandes catastrophes auxquelles ce pays est si sujet. Le *Monte-Coronna* est toujours fortement ébranlé; à chaque secousse de tremblement de terre, il s'en détache des parties qui menacent d'ensevelir les habitations dont il est entouré. Les éboulemens qui eurent lieu du côté de Séminara en 1783, occasionnèrent le procès le plus extraordinaire qui ait peut-être jamais existé.

Une partie considérable de terrain, planté d'oliviers, fut porté, sans se désunir, au bas de la montagne, et confondit les propriétés de deux particuliers. L'un prétendait posséder son champ là où une force majeure l'avait transporté, et l'autre réclamait le fonds du terrain qui n'avait jamais pu cesser de lui appartenir. Ce procès unique dans son genre, fut porté aux tribunaux de Naples, qui donnèrent gain de cause au dernier.

Peut-être qu'un de ces matins nous nous réveillerons sains et saufs dans la jolie petite ville de Palmi, dont toute la population, occupée encore à présent de la grande pêche, couvre le rivage de barques et de nacelles. La pêche est une grande affaire pour ce pays. Des bancs de thons et d'espadons, insensiblement entraînés par les courans du détroit, affluent dans tous ces parages avec une abondance extraordinaire.

La pêche du thon exige de grandes avances, mais elle est d'un immense rapport. Les salaisons et l'envoi qui s'en fait à l'étranger, forment une branche de commerce très-considérable. Pour prendre ces poissons, on établit, au milieu de rochers à fleur d'eau, des filets retenus dans le fond de la mer par des plombs d'une grande pesanteur, et lorsqu'une quantité suffisante de poissons s'est engagée dans les différens replis de ce vaste filet qui va toujours en rétrécissant, on en ferme l'entrée, et alors commence le massacre de ces pauvres animaux.

Attaqués de tous côtés avec des piques, des haches et des harpons, ils frappent l'eau rougie par leur sang, et se heurtent avec violence contre les barques et les rochers. Cette manière barbare de les tuer est un des grands amusemens du pays; on y est invité comme à une fête.

Le poisson nommé espadon, ou empereur, et en italien *pesce-spada*, a cinq ou six pieds de longueur. Sa tête est armée d'une défense osseuse, en forme de scie, dont les dents sont très-aiguës; c'est avec cette arme qu'il attaque la baleine dont il est l'ennemi le plus redoutable. On le prend en le harponnant; il se débat long-temps, et fait souvent chavirer les barques. Sa chair est douce, tendre et fort délicate, principalement sous le ventre.

Les moyens employés à la pêche de l'espadon ont dernièrement occasionné une bévue qui heureusement fut réparée à temps. Un poste établi sur le bord de la mer, arrêta deux hommes, qui, au moyen de signaux donnés du haut d'un rocher, dirigeaient les mouvemens d'un grand nombre de barques. Le chef d'un poste pensant que ces hommes étaient d'intelligence avec l'ennemi, les fit conduire au camp, et, malgré leur cris et leurs protestations, ils allaient être envoyés au quartier-général, comme espions, lorsque les propriétaires de ces barques arrivèrent fort à propos de Bagnara, pour expliquer que les signaux qu'on avait remarqués servaient à avertir les pêcheurs de l'approche et de la direction de ces poissons.

Il serait cependant facile, sous ce prétexte, d'établir des correspondances avec l'ennemi; mais, à moins d'interdire totalement la pêche, toute précaution à cet égard devient inutile. Les barques de Sicile et de Calabre communiquent sans cesse, et servent, ou trahissent alternativement les deux partis. Quelles tentatives pourraient d'ailleurs faire les Anglais dans ce moment? Ils viennent d'évacuer les îles d'Ischia et de Procida, et, après avoir fait sauter les fortifications, ils ont envoyé une partie de leurs troupes en Espagne.

Leur dernière expédition contre ce royaume, semble avoir eu uniquement pour but de l'inonder de nouveaux brigands, sortis des cavernes de l'Etna. Rien de plus déloyal qu'un pareil genre d'hostilités. Le roi s'en est plaint amèrement aux généraux anglais qui en ont rejeté tout l'odieux sur la cour de Palerme, avec laquelle ils vivent dans ce moment en grande mésintelligence. Leurs dispositions sembleraient même indiquer qu'au mépris des traités qui leur ont ouvert les portes de la Sicile, ils ont le projet de ranger cette île au nombre de leurs conquêtes.

LETTRE XXVII.

Départ du camp. — Route par le sirocco. — Arrivée à Maïda. — Brigands du bois de Sainte-Euphémie. Bandits siciliens.

Maïda, 2 septembre 1809.

La plus parfaite tranquillité régnant sur les bords du détroit, on en a retiré quelques bataillons pour les employer de nouveau à fouiller les antres et les forêts des Apennins.

Le 11 août, à cinq heures du matin, nous reçûmes l'ordre de partir de suite pour Maïda. Il était 7 heures avant que tous les postes détachés sur la côte fussent rentrés. A 8 heures nous arrivâmes à Palmi, d'où il y a encore cinq heures de marche pour se rendre à Nicotera. La chaleur était déjà suffocante, et une vapeur terne et rougeâtre, répandue dans l'air, annonçait l'approche du *sirocco*; c'est après les tremblemens de terre et les brigands, le fléau le plus redoutable de cette contrée. Pendant que les habitans succombant sous son influence, suspendent tout genre de travail, et se tiennent renfermés dans le bas de leurs maisons, nous voilà cheminant sur cette plage desséchée, en plein midi, au mois d'août, par le sirocco, et enfonçant dans le sable jusqu'à la cheville du pied. Pour calmer une soif dévorante, on ne trouve dans ces tristes lieux que quelques filets d'eau croupie qui coulent dans le lit desséché de deux rivières. C'est réellement un trajet dans les déserts de l'Arabie pétrée.

A 10 heures nous ne pouvions déjà plus avancer; nos fibres étaient entièrement relâchées, et nous éprouvions un abattement physique et moral qui nous privait de toutes les facultés. On ne peut se faire une idée de ce vent détestable; l'atmosphère en est embrasée; l'air qu'on respire semble sortir de la bouche d'un four. Les soldats dévorés par une soif ardente se traînaient péniblement, et lorsqu'ils arrivaient sur le bord des rivières, rien ne pouvait les empêcher de boire avec avidité l'eau malfaisante qui séjourne dans les bas-fonds. Plus nous avancions, plus notre situation était intolérable. Je descendis de cheval pour prêter ma monture à un de mes camarades qui ne pouvait plus avancer, et ayant marché pendant deux heures, j'ai jugé de ce que devaient souffrir les soldats accablés sous le poids de leurs sacs et de leurs armes. Combien n'aurais-je pas payé un verre d'eau à la glace, spécifique le plus assuré pour surmonter l'état d'atonie dans lequel on se trouve pendant que règne le sirocco. Vers trois heures après midi nous arrivâmes au-dessous de Nicotera. La vue de cette côte escarpée qu'il faut gravir pour y arriver, acheva d'abattre notre courage, et nous aurions été hors d'état de la monter, si des soldats qui connaissaient le pays, ne nous eussent conduits à une plantation de pastèques dont la substance douce et rafraîchissante fut pour nous la manne des Israélites dans le désert. Nous entrâmes enfin à Nicotera dans un état affreux. Les habits des soldats étaient traversés par la sueur, et le lendemain un grand nombre se trouvant absolument hors d'état de marcher, il a fallu mettre en réquisition tous les moyens de transport du pays. Plus de cinquante hommes sont restés à l'hôpital de Montéléone, et le 13 le bataillon est arrivé à Maïda épuisé de fatigue, car le sirocco a régné durant toute cette marche.

Maïda est un bourg considérable, très-bien bâti au-dessus d'un vallon dans lequel coule *l'Amato*. Situé à peu près à égale distance des deux mers, et dans la partie la moins montueuse et la plus étroite de la Calabre, il y règne des courans d'air qui en rendent le séjour sain et agréable dans cette saison.

Nos compagnies sont disséminées dans les villages qui entourent le golfe de Saint-Euphémie, et quelques-unes détachées dans le fond des montagnes, sont constamment aux prises avec les brigands. Nous mettons peu d'empressement à poursuivre ceux de notre voisinage qui nous laissent fort tranquilles; cependant nous avons profité d'une circonstance favorable pour faire une expédition assez curieuse.

Il y a peu de jours que le propriétaire de la maison où je suis logé, vint me dire que les brigands du bois de Saint-Euphémie avaient envoyé un émissaire pour traiter du rachat de différens troupeaux de bœufs enlevés à quelques particuliers de la commune, et ou proposa d'engager le commandant de faire arrêter cet homme et de le forcer à nous conduire dans les secrètes issues de ce bois. Ce conseil, donné uniquement dans l'intention de ravoir les animaux capturés sans rien débourser, pouvant cependant être mis à profit, l'individu fut arrêté le soir même et amené sans bruit chez le commandant. La crainte d'être fusillé et la promesse formelle d'avoir sa bonne part du butin le rendirent bientôt traitable au point de nous engager lui-même à lui lier les mains derrière le dos et à le fusiller après l'expédition, s'il ne la faisait pas réussir. Telle est l'absence de tout sentiment chez ces êtres dépravés, que l'appât du gain l'emporte sur toute considération généreuse. Je fus moi-même avertir les officiers de se rendre au quartier, les soldats furent réveillés sans bruit, et à 11 heures du soir nous étions déjà hors de Maïda marchant silencieusement le long de l'Amato.

Nous traversâmes cette rivière à peu de distance du bois. Nous y entrâmes conduits par notre guide, et favorisés par un beau clair de lune. Il fallut d'abord se frayer un chemin à travers un taillis fort épais, puis traverser un marais dont la fange exhalait l'odeur la plus fétide.

Arrivés à un fossé, le guide le traversa gardé par quelques hommes, à l'effet de chercher dans les broussailles les poutres et les planches au moyen desquelles les brigands passent ces fossés. Cette opération fut longue. Il commençait à faire jour, et on entendait dans le lointain les aboiemens redoublés d'un grand nombre de chiens. Déjà quelques soldats avaient effectué ce passage, et s'étaient établis sur une digue étroite, lorsque des coups de fusils, partis de la forêt et suivis de cris effroyables, indiquèrent suffisamment que les brigands avaient l'éveil sur notre approche. Il n'y avait plus de temps à perdre. On se précipite sur cette digue, on court *tête baissée*; un nouveau canal nous arrête, on reconnaît qu'il a seulement quatre pieds de profondeur, on le traverse rapidement, et les premiers rayons du soleil éclairent notre marche accélérée à travers une forêt d'arbres très-élevés. Nous arrivons bientôt à une rotonde entourée de broussailles et garantie de l'ardeur du soleil par un épais feuillage, et nous sommes enfin parvenus dans le centre de ce repaire de bandits. Les branches des arbres étaient couvertes de hamacs; des chevaux, des mulets et des ânes étaient attachés aux arbres, des quartiers de bœuf et de mouton rôtissaient autour d'un grand feu, des sacs remplis de pain, de fromage et de jambon, étaient par terre ainsi que plusieurs barriques de vin; nous trouvons enfin des comestibles en tout genre, mais les brigands s'étaient pour ainsi dire évaporés; on voyait les traces de leur fuite précipitée à travers les broussailles brisées, quelques chapeaux y étaient restés accrochés, ainsi que des lambeaux de vêtemens; on cherche de tous côtés, on suit ces traces qui se perdent dans les marais; le guide affirme qu'il n'a jamais été plus avant et qu'il ne connaît pas les secrètes retraites de Benincasa, chef de cette horde. Il fallut donc se contenter de la possession de sa cuisine. On fit honneur au festin qui s'y préparait, mais voyant que les têtes s'échauffaient, et que la démarche de plusieurs soldats commençait à devenir chancelante, il fallut penser à la retraite. Cela devenait d'autant plus prudent que le guide observait que les brigands, cachés autour de nous et favorisés par l'impossibilité de pénétrer dans leurs retraites, pourraient bien faire pleuvoir sur nous une grêle de balles. Le butin fut chargé sur les ânes et les mulets, et nous sortîmes tous sains et saufs de ce labyrinthe mystérieux, couverts à la vérité de fange et de limon, mais avec la petite gloire d'y avoir pénétré les premiers.

Il est inconcevable que des hommes puissent s'acclimater dans un pareil séjour sans y être dévorés par des fièvres pernicieuses et des insectes de toute espèce. L'amour de l'indépendance ou la crainte des châtimens peut seule opérer ce prodige.

Pendant que nous entrions dans ce bois, une partie du détachement en parcourait la lisière, où l'on trouva un nombre considérable de bœufs et de moutons provenant des vols faits dans les campagnes voisines; ceux qui appartenaient à la commune de Maïda furent restitués, et les autres animaux vendus à l'enchère, valurent au détachement plus de trois cents piastres. Le guide a été généreusement récompensé, et comme on peut être assuré qu'il n'osera jamais plus se présenter devant cette association de bandits, on lui a rendu la liberté.

Une apparition assez étrange nous attendait à notre retour à Maïda. Nous trouvâmes toute la population inquiète et troublée par la présence d'une centaine d'individus armés de toutes pièces et ayant un caractère de physionomie et un costume étranger. Leur chef portant une espèce d'uniforme rouge avec deux épaulettes, s'avança vers le commandant, précédé d'un de nos officiers. Comment ces figures étranges, sinistres et basanées, se trouvaient-elles ainsi paisiblement au milieu de nous et sous la sauve-garde d'un officier du corps? Il s'empressa d'expliquer cette énigme en disant que c'était des bandits Siciliens débarqués sur ces côtes par les Anglais lors du dernier siége de Scylla. Les brigands Calabrais qui veulent exploiter ce pays pour leur propre compte, les ont fort mal accueillis. Harcelés par nos compagnies qui leur ont tué beaucoup de monde, ils combattaient avec défiance sur un terrain qu'ils ne connaissaient pas, et ils ont offert de se rendre, pourvu qu'on leur laissât leurs armes et qu'on leur fournît les moyens de retourner dans leur île. Ces hôtes, pour le moins fort incommodes, furent le jour même dirigés sur Montéléone, où l'on attend des ordres de Naples pour statuer sur leur sort.

Les Anglais pourront-ils nier les faits maintenant que ce chef de bande, furieux d'avoir été abandonné par eux, donne sur leurs menées des détails qui pourront servir à les confondre ?

LETTRE XXVIII.

La Calabre inondée de brigands étrangers. — Ils sont repoussés. — Échauffourée de nuit. — Arrivée à San-Johan-in-Fiore. — Séjour dans cette ville

San-Johan-in-Fiore, 26 octobre 1809.

J'ai encore à vous entretenir des insipides détails de nos colonnes mobiles. Cette triste guerre présente toujours les mêmes incidens; toujours des courses pénibles pour chercher à atteindre ces hordes errantes qui fuient à notre approche. Cependant nous avons eu cette fois occasion de repousser le plus grand rassemblement armé qui ait eu lieu depuis long-temps.

Le 14 de ce mois, le bataillon partit de Maïda pour être placé en échelons sur la route de Nicastro à Cosenza. Nous étions établis depuis peu de jours à Scigliano, centre des cantonnemens, lorsque le commandant fut prévenu qu'un grand nombre de bandits, venant de la Pouille et de la Basilicate, étaient entrés en Calabre. Cette subite invasion pouvant être dirigée par les Anglais, et soutenue par un débarquement, il était essentiel de dissoudre promptement ces masses armées, et de toute part on mit des troupes en mouvement. Deux cents hommes du bataillon, ayant été réunis en toute diligence, nous partîmes le 21 au matin, en prenant la direction de la Syla où ces brigands s'étaient jetés. Arrivés à un village peu distant de *Scigliano*, nous le trouvâmes rempli de fuyards; la population des environs, saisie d'épouvante, s'y réfugiait pour se soustraire au passage de ces bandits étrangers, tombant à l'improviste comme une nuée de sauterelles, consommant tous les vivres, et commettant les plus horribles excès. La peur qu'ils inspiraient faisait exagérer leur nombre d'une manière inconcevable. Ils étaient, disait-on, plus de dix mille, la plupart à cheval; on affirmait même avoir vu des canons portés à dos de mulet. Nous apparûmes à cette multitude effrayée comme des anges tutélaires; on nous bénissait, on se prosternait devant nous, rien n'était comparable au courage héroïque, à la générosité des Français. Lorsque les cris de terreur et les expressions d'une reconnaissance que le danger rendait sincère, eurent cessé, nous apprîmes que, pendant la nuit, ces bandits avaient traversé les villages voisins, annonçant qu'ils précédaient une colonne encore plus nombreuse, ce qui avait dû nécessairement augmenter la consternation des habitans.

Impatiens de connaître au juste le nombre, la direction et les projets de ces nouveaux ennemis, nous partîmes aussitôt pour suivre leurs traces; mais comme ils avaient au moins six heures d'avance, le détachement ne put les joindre nulle part. A l'entrée de la nuit, la faim et la fatigue nous forcèrent à faire halte dans un village dont toute la population éplorée était venue au-devant de nous. Des avis étant parvenus qu'ils s'étaient arrêtés dans un village six milles plus loin, nous partîmes avec des guides, espérant que, malgré leur grande supériorité numérique, on pourrait les attaquer avec succès à la faveur des ténèbres.

La troupe fut cachée dans un bois près de

ce village, et les guides, envoyés à la découverte, revinrent peu de temps après, suivis du syndic et du capitaine de la garde civique, qui, en nous apprenant le départ de ces brigands, nous donnèrent des renseignemens exacts sur leur nombre et leur composition. Ils étaient au moins deux mille, dont moitié s'étaient montés en enlevant les jumens et les jeunes chevaux trouvés sur les pâturages de la *Syla*. Leur chef, nommé *Scarolla*, donnait une importance mystérieuse à ces projets, en se qualifiant du titre de *chef des indépendans de la Basilicate*. Il avait de la magnificence dans ses vêtemens, et il était suivi d'un grand nombre de chevaux de selle et de mulets, qui, disait-on, portaient des sommes considérables. Voilà donc enfin un chef de bande digne d'être combattu, et surtout une belle proie à saisir. Quel stimulant pour les soldats! Bien qu'ils eussent déjà fait trente milles, ils ne demandèrent qu'à partir après s'être un peu reposés, et à quatre heures du matin nous étions déjà en marche, suivant le chemin qu'avait pris cette horde. On ne pouvait se méprendre sur sa direction, car les sentiers périlleux qui traversent ces horribles montagnes étaient, pour ainsi dire, jalonnés par des animaux crevés.

Arrivés sur un plateau élevé qui domine toute cette contrée sauvage, nous trouvâmes un capitaine de garde civique, suivi de quelques paysans armés qui nous apprirent que ces bandits, repoussés par une de nos colonnes en voulant déboucher de la Syla vers la plaine de Saint-Euphémie, avaient été forcés de prendre une autre direction, et qu'ils venaient de s'engager dans une profonde vallée où il serait facile de les envelopper. Nous partîmes aussitôt, guidés par ce capitaine, et suivis malheureusement des paysans qui l'accompagnaient.

Arrivés à l'entrée de la nuit sur le sommet d'une montagne couverte de bois, nous entendîmes au-delà d'un ravin traversé par un torrent, un bruit confus indiquant une nombreuse réunion d'hommes, qui ne pouvaient être que ces mêmes brigands. La circonstance étant aussi favorable qu'on pouvait le désirer pour les surprendre avec avantage, deux colonnes de cinquante hommes chacune furent aussitôt dirigées avec des guides sur leurs derrières, pour inquiéter leur retraite pendant que nous les attaquerions de front.

Au moment où elles se mettaient en marche, quelques coups de fusil partent près de moi; j'y cours de suite, et je trouve un groupe de ces paysans qui nous avaient suivis et qui fuient à mon approche. Aussitôt un grand bruit se fait entendre parmi les bandits qui s'empressent de charger leurs effets et de prendre la fuite. Il n'y avait pas un instant à perdre; on descend rapidement la montagne, on se précipite dans le torrent; bientôt nous nous trouvons pêle-mêle au milieu d'eux dans un désordre et une confusion inséparables des surprises de nuit, et à la lueur des coups de fusil qui partent de tous côtés, nous les voyons fuyant à toutes jambes. Les colonnes qui devaient leur couper la retraite, n'ayant pu arriver à leur destination, et l'obscurité empêchant toute poursuite, ces brigands regagnèrent sans obstacle, mais non sans une grande frayeur les montagnes de la Syla.

La malheureuse alerte donnée par ces lâches paysans, nous a ainsi fait perdre le fruit de toutes nos fatigues, et des dispositions qui devaient faire espérer un succès complet. Il est probable que les auteurs de cette trahison, craignant de se trouver dans une échauffourée de nuit, ont voulu la prévenir en donnant l'éveil sur notre approche, espérant de cette manière recueillir sans dangers les chevaux et le butin abandonné dans la déroute. Le lendemain nous avons trouvé quelques brigands morts ou mourans, et les soldats ont ramené un grand nombre d'ânes et de mulets qui malheureusement ne portaient point les trésors de Scarolla, mais ses cantines auxquelles nous fîmes honneur.

Quoique la défaite de ce chef de bande n'eût point été complète, il avait cependant échoué dans ses projets, et nous venions de rendre un service réel au pays. Présumant qu'il ne pouvait plus avoir d'autre intention que celle de retourner d'où il était venu, et qu'il pourrait être arrêté dans sa retraite, le commandant ne perdit pas l'espoir de le rejoindre, et nous prîmes la route de San-Johan-in-Fiore, trouvant partout des fermes pillées, des villages incendiés, et des habitans éplorés.

Nous sommes arrivés ici avant-hier au soir, harassés de fatigue, ayant fait en quatre jours plus de cent milles par des chemins dont on ne peut se faire une idée. Les brigands étaient passés près d'ici depuis plus de huit heures, n'ayant trouvé d'obstacles nulle part, par suite des mauvaises dispositions qu'on a prises; et, la peur leur donnant des ailes, ils doivent avoir regagné les montagnes de la Basilicate.

Comment expliquer le motif de cette singulière apparition? Le plus probable est que ce chef de bande a voulu gagner la Sicile avec le produit de son brigandage.

Le commandant de la province, entré hier dans cette ville avec une colonne de six cents hommes, est justement mécontent de la conduite tenue dans cette circonstance par la population de San-Johan-in-Fiore. Elle aurait suffi pour arrêter ces hordes étrangères qui deux fois ont traversé son territoire sans éprouver le moindre obstacle.

Pour punir cette coupable indifférence, il

laisse ici notre détachement jusqu'à nouvel ordre, et à la charge des habitans. Cette décision nous punit pour le moins autant qu'eux, car San-Johan-in-Fiore peut être considéré comme la Sibérie des Calabres. La saison commence à devenir affreuse dans cette région élevée, où des brouillards épais, et bientôt des neiges abondantes, vont nous tenir dans le plus triste isolement, séparés du monde entier.

Présumant que de long-temps je ne pourrai vous donner de mes nouvelles, je profite du retour de nos troupes à Cosenza pour vous faire parvenir cette lettre.

LETTRE XXIX.

Description de San-Johan-in-Fiore. — Caractère de ses habitans. — Retour à Cosenza.

Cosenza, 12 décembre 1809.

Le commandant a si bien secondé les démarches des autorités de San-Johan-in-Fiore, fatiguées d'une garnison dont l'entretien était fort onéreux, qu'enfin l'ordre fut expédié d'en partir pour Cosenza, où nous sommes arrivés avant-hier après deux pénibles journées de marche dans les neiges, et par un froid très-rigoureux. Il me semble renaître en voyant le mouvement d'une ville animée par l'industrie, le commerce et ces communications qu'occasionnent les besoins de la vie sociale.

Je doute qu'il existe un plus triste séjour que celui de San-Johan-in-Fiore pendant l'hiver. C'est un bourg isolé au centre des plus hautes montagnes de la Calabre, dont les habitans ont conservé le type originaire des anciens Brutiens, et sont restés à peu près tels que les Grecs les ont dépeints lors de leurs premiers établissemens sur les côtes du Brutium.

Nourris, vêtus du produit de leurs immenses troupeaux, ils forment une peuplade de pasteurs ignorans et sauvages, dont la rudesse et l'âpreté sont passées en proverbe dans toute la Calabre. Sous aucun gouvernement il n'a été possible de parvenir à corriger les dispositions de ces montagnards à l'indépendance, et encore moins de les assujétir à aucun service militaire. De forts détachemens de nos troupes ayant fait de longs séjours parmi eux, et les ayant désarmés à plusieurs reprises, ils ont été rendus un peu plus souples; cependant ils ne peuvent s'habituer à voir les Français sans exprimer leur haine et leur mécontentement.

Peu de jours après notre arrivée, des malveillans ayant répandu le bruit que nous étions venus pour lever la conscription militaire qui commence à s'organiser dans ce royaume, quelques soldats isolés furent insultés, et on vit des rassemblemens armés parcourir les rues. Ces démonstrations hostiles exigeant de la prévoyance, tout le détachement fut réuni dans un couvent de capucins placé sur une éminence, et le commandant ayant convoqué les autorités et les principaux habitans, commença par les désabuser sur le motif de notre arrivée, leur déclara ensuite qu'ils répondaient sur leurs têtes des désordres qui pourraient se passer, et leur annonça que dès cet instant, il les gardait comme ôtages. Le syndic, personnage essentiel pour assurer le service de nos subsistances, fut seul relâché, et par ses exhortations et l'assurance formelle qu'il n'était nullement question de conscription, il parvint à calmer ces esprits ombrageux. La tranquillité s'étant entièrement rétablie, les ôtages furent mis en liberté. Cependant nous sommes toujours restés dans une défiance réciproque, et nous ne sortons de notre triste capucinière que pour aller suivre les traces des chevreuils et des loups qui parcourent en grand nombre ces campagnes glacées. On n'y aperçoit que de tristes sapins dont les branches agitées par les ouragans qui en détachent les glaçons, offrent le contraste d'un vert foncé sur une neige éblouissante.

Jugez si Cosenza doit nous paraître agréable ; malgré ses pluies et ses brouillards, nous y sommes du moins avec des êtres civilisés, et à portée de savoir ce qui se passe dans ce monde.

J'étais curieux d'avoir des nouvelles de cette troupe de bandits dont la poursuite nous a amenés à San-Johan-in-Fiore, et l'on m'a dit, qu'après avoir regagné sans obstacle la Basilicate, ils s'étaient établis sur les hauteurs escarpées du *Monte-Polino*, pour s'y reposer de leurs fatigues, losque le hasard dirigea de ce côté une colonne mobile du 10e régiment de ligne; surpris pendant qu'ils dormaient tous profondément, un grand nombre a été tué, tout le reste mis dans une déroute complète, et les soldats ont fait un butin si considérable, qu'on les a vus jouer aux *petits-palets* avec des quadruples d'Espagne. Scarolla, blessé dans cette surprise, fut se cacher chez des bergers qui l'ont livré à la justice pour une somme de mille ducats.

et il vient d'être pendu dans la capitale de la Basilicate, théâtre de ses déprédations. Puissent tous ces chefs de bande qui dévastent la Calabre, avoir un sort pareil, afin que nous quittions un pays où nos fatigues, nos privations, nos services enfin, resteront éternellement sans récompense!

LETTRE XXX.

L'auteur, en route pour se rendre à Naples, est forcé de retourner en Calabre. — Incidens survenus pendant son voyage.

Cesenza, 5 février 1810.

Une heureuse circonstance me faisait momentanément sortir de la Calabre; j'étais en route pour Naples; j'espérais y passer une quinzaine de jours, entièrement maître de mon temps; déjà mon imagination s'élançait au sommet du Vésuve; elle parcourait les campagnes autrefois si riantes de *Baïa*, les bords du lac d'Agnano, ceux du lac d'Averne; j'interrogeais la Sybille de Cumes; je comptais enfin visiter tous les environs de Naples si pleins de souvenirs, et qui ne m'étaient encore connus que par les relations des voyageurs. Un fatal contre-ordre a tout changé, et mes brillans projets se sont convertis en un triste et pénible voyage.

Un grand nombre de nos soldats étant devenus impropres au service par l'insalubrité de ce climat et les chances de cette pénible guerre, le général en chef donna l'ordre de les diriger sur Naples. L'officier qui devait conduire ce détachement étant tombé malade la veille du départ, je fus désigné à la hâte pour le remplacer, et le 21 janvier je partis avec soixante-quatorze éclopés, dont le plus grand nombre hors d'état de marcher, était monté sur des ânes. Cet animal est pour la Calabre ce que le chameau est pour le désert; frugal, docile, singulièrement adroit dans les mauvais pas. Habitué à être surchargé, et durement mené par un maître impitoyable, il supporte paisiblement la fougue impatiente du soldat français, qui d'une main lui donne un morceau de pain, et de l'autre aiguillonne ses flancs paresseux avec la pointe de sa baïonnette.

Ma caravane se mit en route à neuf heures du matin. Il pleuvait depuis longtemps, et, pour préserver mes pauvres invalides du passage des torrens et des fanges du

Chratis, où le bataillon avait manqué de rester enseveli lors de son entrée en Calabre, on dirigea la route du détachement par les montagnes. Nous trouvâmes le premier jour un excellent gîte à *Montalto*, gros bourg, riche et très-peuplé. Le lendemain, après avoir fait quelques milles, le chemin se trouva tellement obstrué par un éboulement qui avait eu lieu pendant la nuit, que nous fûmes forcés de descendre dans cette désastreuse vallée qu'on avait voulu nous éviter. Des guides montés sur des mulets, indiquant le chemin, nous étions cependant tous sortis heureusement des dangers qui se renouvellent à chaque pas, lorsqu'arrivés à quelques milles de *Tarsia*, un torrent (le dernier qui restait à passer), arrêta entièrement notre marche. Après avoir fait de vaines tentatives pour trouver un gué, il ne fallut plus penser qu'à chercher un abri pour passer la nuit qui approchait, et je fis rétrograder le détachement pour qu'il pût trouver un asile dans une ferme laissée à quelques milles en arrière, et dont nous étions séparés par un torrent. Arrivés sur ses bords, les guides déclarèrent qu'il y aurait du danger à vouloir le passer pendant l'obscurité. Je fus donc obligé d'établir le détachement en rase campagne. La pluie ne cessant de tomber avec violence, il fut impossible d'allumer quelques broussailles vertes, le seul combustible qui fût à notre portée. Ainsi, environnés de torrens, inquiets sur le moyen de les passer, percés jusqu'aux os, transis de froid et dépourvus de vivres, nous passâmes une longue et horrible nuit, nuit de souffrances pour mes pauvres soldats dont plusieurs avaient des fièvres obstinées et des blessures mal cicatrisées. On se cotisa pour se partager un triste morceau de pain, et l'on attendit le jour qui semblait se refuser à nos vœux.

Dès qu'il parut, je me décidai à gagner les montagnes d'où ces torrens découlent, pour pouvoir enfin surmonter le dernier obstacle qui nous séparait de Tarzia. Nous marchâmes à travers les champs, enfonçant jusqu'à mi-jambe, et nous avions atteint un chemin qui conduit à un village situé sur le penchant des montagnes, quand nous entendîmes sonner le tocsin, et quand nous vîmes des gens armés venir à notre rencontre. M'étant avancé seul pour ôter toute défiance, je distinguai un homme portant un uniforme français, qui, se glissant près de moi le long des haies, vint me reconnaître. C'était un chasseur du 4ᵉ régiment qu'une chute retenait depuis plusieurs jours dans ce village, habité par des Albanais, braves gens, toujours en garde contre les brigands, et qui, voyant arriver le détachement par un chemin peu fréquenté par les Français, nous prenaient pour des bandits. Revenus de leur erreur, ils nous fournissent tous les secours de l'hospitalité la plus cordiale, et des guides pour nous conduire par les montagnes jusqu'à Tarzia.

Notre voyage jusqu'à *Lagonegro* se passa sans accidens. Le Campotemèse, si redoutable dans cette saison, fut d'un abord facile; le torrent qui coule à ses pieds nous força seulement à faire un détour pour le passer sans danger : nous ne trouvâmes point d'embuscade en montant le *Gualdo*, où, lors de notre premier passage, le bataillon avait presque été témoin d'un horrible assassinat;

et enfin, tous les dangers de ce pénible voyage étaient surmontés en arrivant à Lagonegro le 25 ; car, à partir de ce point, les montagnes s'abaissent sensiblement, des ponts en pierre sont construits sur toutes les rivières, et on a une grande et belle route pour arriver à Naples. Quoique je n'en fusse qu'à moitié chemin, il me semblait déjà toucher à ses faubourgs, aussi jamais désappointement ne fut plus grand que le mien, lorsqu'allant dîner chez le commandant de la place, il me remit une dépêche arrivée le soir même, par laquelle il était enjoint au commandant du détachement, venu de Cosenza, d'y retourner avec une colonne de conscrits destinés pour la Calabre, et qui devaient arriver le lendemain à *Lagonegro*, sous la conduite d'un officier de la garnison de Naples, auquel je devais remettre mon détachement. Il ne me souvient pas d'avoir jamais éprouvé une contrariété plus amère. L'ordre étant positif, il fallut s'y soumettre, et le 27, je repris tristement le chemin de cette horrible Calabre, avec cent et quelques recrues du département de l'Ardèche : c'était les restes d'un contingent de 300 hommes partis de France il y avait deux mois. Les soins qu'exigeait la conduite de ces jeunes gens inexpérimentés dans les dangers que courent les traînards dans ce pays, m'ont un peu distrait de mes tristes rêveries, et je suis rentré le 23 janvier à Cosenza. Je vous épargne les détails de mon retour. Vous y retrouveriez ces mêmes montagnes couvertes de neige, ces mêmes vallées envahies par les eaux, et ces mêmes torrens qui n'avaient point éprouvé de diminution sensible.

LETTRE XXXI.

Excursion dans la partie orientale de la Calabre ultérieure. — Description de ce littoral. — Villes de Squilacce et de Gérace. — Situation et ruines de l'antique Locres. — Notice sur les Bohémiens. — Retour à Cosenza, en passant par Reggio et Montéléone.

Cosenza, 3 avril 1810.

Depuis le fatal contre-temps qui m'avait empêché de me rendre à Naples, j'éprouvais un ennui, un découragement insurmontables. Les distractions que peut offrir la ville de Cosenza m'étaient devenues insipides au dernier point. Je désirais un changement quelconque pour me tirer de cet état de langueur et d'abattement; aussi, me suis-je empressé de m'associer à un capitaine du génie et à un lieutenant de vaisseau chargés de parcourir les côtes orientales de la Calabre ultérieure, du golfe de *Squilacce* au cap *Spartivento*. Ces deux officiers arrivèrent de Naples à Cosenza, le 28 février, et dinèrent chez notre chef de bataillon qui se trouvait momentanément commander la province. Ils devaient, en vertu d'ordres supérieurs prendre à Cosenza pour toute leur tournée une escorte de quarante hommes. Je m'offris de suite pour la commander, et nous partîmes le 3 mars en passant par Scigliano, Nicastro, Maïda, d'où nous arrivâmes le 6 à Squilacce, petite ville triste, mal bâtie, qu'il faut aller chercher sur une montagne escarpée. On est dédommagé de la fatigue qu'on éprouve pour y monter, par une vue magnifique qui s'étend sur la mer et sur une campagne riante, bien cultivée et arrosée par une rivière qui tombe des montagnes, et forme de belles cascades.

La mission de mes compagnons de voyage ayant pour but de s'assurer s'il n'existait sur ces rivages, peu fréquentés par nos troupes, aucune cause, aucune embouchure de rivière qui pût recevoir de légers bâtimens de guerre; cette mission, dis-je, nous fit passer deux journées à parcourir tout le littoral. Bien que le golfe forme un enfoncement considérable, il ne présente cependant qu'une rade ouverte à tous les vents.

Nous avons trouvé dans nos courses de belles ruines, et sans doute celles de l'antique *Syllacium*, colonie fondée par les Athéniens et détruite par les Sarrasins. Les antiquaires ont recherché dans de savantes dissertations, si cette ancienne ville occupait l'emplacement actuel de Squilacce, ou bien si elle était bâtie sur les bords de la mer. Les ruines dont je viens de parler sembleraient confirmer cettte dernière hypothèse.

Nous partîmes le 9 pour Gérace. Ce trajet a duré six jours employés à examiner des anses produites par des rochers qui s'avancent dans la mer, et à sonder des plages stériles et sablonneuses où l'on trouve peu de profondeur.

En quittant les belles campagnes de Squilacce, on parcourt de tristes montagnes dont les sauvages habitans, nous prenant sans doute pour des pirates, fuyaient à notre approche, et se barricadaient dans leurs maisons. C'est à peu près de cette manière que nous avons été reçus à *Stallati, Guasparina, Suvrato, Monasterracce, Castelvettère, La Rochella* et autres chétives bourgades perchées sur des pointes de rochers. L'aspect de tout ce pays est très-misérable. On voit sur les montagnes quelques vignobles, des oliviers, des mûriers et des amandiers plantés au milieu des rochers. Les plaines dévastées par une multitude de torrens, qu'on ne reconnaît en été qu'aux ravages qu'ils ont faits en hiver, offrent une culture languissante et peu soignée.

Gérace est la ville la plus considérable de tout ce littoral. Sa situation ressemble beaucoup à celle de Squilacce ; on grimpe pendant deux heures pour trouver quelques belles maisons entourées de ruines, des rues étroites, obstruées par des tas de fumier, et des habitans qui cachent sous leurs lugubres manteaux les haillons de la misère. Nous y fûmes reçus avec une sorte d'appareil, et bientôt environnés d'une foule de désœuvrés et de curieux dont il fallut supporter le bavardage interminable sur la situation de l'antique *Locres* que les habitans de cette ville prétendent également avoir existé sur leur montagne, assertion dont la fausseté est évidemment démontrée par les belles ruines que l'on trouve dans la plaine. Nous les visitâmes le lendemain après avoir fait une longue station dans la principale église de la ville, décorée d'une multitude de colonnes prises dans les ruines de Locres. L'élégance de leurs formes, le fini de leur travail, suffiraient pour attester le luxe et la splendeur de cette ville qui joue un des premiers rôles dans l'histoire de la grande Grèce.

Une colonie de la ville de Locres en Grèce, fonda la république de ce nom en Italie. Ses lois étaient regardées comme un chef-d'œuvre de législation. Pour en assurer la stabilité, et prévenir toute innovation, il en existait une qui ordonnait que quiconque proposerait d'y apporter des changemens, se présenterait devant l'assemblée du peuple la *corde au cou*, et serait étranglé sur-le-champ si sa proposition était rejetée. Les Locriens, après avoir vaincu les Crotoniates, furent à leur tour subjugués par Annibal. Fatigués du joug des Carthaginois, ils sollicitèrent l'alliance des Romains, qui les privèrent de leurs libertés. Ils avaient avant ces temps donné l'hospitalité au tyran Denys, chassé de Syracuse, qui, au lieu de reconnaître ce bienfait, s'y fit détester par ses crimes et ses excès.

Les ruines que l'on voit éparses dans la campagne, indiquent que cette ville avait une étendue considérable. On trouve des murs d'une grande élévation, des temples dont les voûtes subsistent encore, quelques colonnes sur pied dont les chapiteaux renversés sont d'un travail admirable. On voit un aqueduc creusé dans le roc, de huit pieds de largeur sur six de hauteur. En voulant y pénétrer, je vis une sombre lueur vers laquelle je me dirigeai; mais n'étant accompagné que d'un seul homme de mon détachement, je retournai promptement sur mes pas, ayant aperçu un groupe de personnes dont les intentions, dans un pareil réduit, devaient naturellement me devenir suspectes. Revenu avec main-forte, elles furent contraintes de sortir, et nous vîmes défiler une vingtaine d'individus de tout sexe. C'était une troupe de Bohémiens. J'avais déjà entendu parler de ces vagabonds, mais je n'en avais point encore rencontré. Fuyant devant nos colonnes mobiles, ils cherchent un refuge dans quelques cantons que nous visitons rarement, où ils trouvent encore à faire un petit commerce avec les habitans, dupes de leur crédulité. Voici les notions que j'ai pu acquérir sur leur compte.

Les Bohémiens ou Egyptiens de la Calabre sont, ainsi que tous ceux qui parcourent les autres parties de l'Europe, des hordes errantes, ne possédant ni terres, ni biens, et ne contractant jamais d'alliance avec aucune classe de citoyens. Leur origine est un mystère, ainsi que leur culte religieux qu'ils aiment à célébrer dans les souterrains ou dans l'épaisseur des forêts. Ils parlent la langue du pays avec un accent étranger, et celle qui leur est particulière, tient dans sa prononciation des langues orientales. Ils travaillent ordinairement en férailles de toute espèce, mais ils vivent le plus souvent d'industrie, disant la bonne aventure, faisant des tours de gobelets dans les foires et les marchés, troquant des chevaux et des ânes qu'ils ont ordinairement volés. Leurs vêtemens sont en mauvais état, leur malpropreté excessive. Mon apparition les troubla au moment où ils célébraient un mariage. Une vieille sorcière me présenta la nouvelle mariée, qui me prit la main pour me dire la bonne aventure; je lui donnai une piastre pour la dédommager du tort que je lui avais fait. C'était une jeune fille, qui, malgré son teint basané, eût paru fort agréable sous d'autres vêtemens. Elle avait de grands yeux noirs, très-animés, des dents charmantes, une taille svelte et élancée.

Nous partîmes le 18 de Gérace, munis d'une ample provision d'excellent vin blanc, justement réputé dans tout le royaume. Nous fûmes coucher à *Bianco*, le plus misérable de tous les villages que j'ai jamais vus. Notre arrivée y fit également une sensation terrible; tout fuyait à notre approche, poussant des cris de terreur. Le pauvre syndic, étant dans l'impossibilité de procurer au détachement du pain en suffisante quantité, lui fournit du poisson frais en grande abondance. On suit, pour arriver à ce village, une plage sablonneuse, où il faisait déjà une chaleur suffoquante; puis on escalade une masse de rochers dépourvus de toute végétation. J'avais permis aux soldats d'aller se baigner dans la mer; mais ils en furent fort heureusement empêchés par les observations que me fit le syndic sur les dangers qu'offraient ces parages infestés de requins; il me montra un jeune homme qui avait eu récemment une jambe amputée par suite de la morsure de ces poissons voraces.

Un orage, survenu pendant que nous étions en route le lendemain, nous força à passer la nuit à *Branca-Léoné*, triste village, bâti de pierres cimentées avec de la boue. Nous fûmes obligés de nous contenter d'une soupe faite avec du bouillon de chèvre; mais les caresses données à l'outre du bon vin de *Gérace*, nous consolèrent de ce jeûne forcé.

Le 21, nous descendîmes sur la plage pour parcourir les sinuosités du cap *Spartivento*, où l'Italie se termine par des montagnes de terre blanche. Le temps étant couvert et la mer fort orageuse, nous fûmes obligés de gagner les hauteurs; et, après une journée, que la pluie rendit fort pénible, nous arrivâmes à *Pentedatolo*, joli village où finissent toutes les branches de l'Apennin, et qui ouvre l'entrée de la délicieuse vallée de Reggio; c'est-à-dire, de la *Terre-Promise*. C'est de là qu'on découvre, dans toute sa beauté, le magnifique bassin formé par la Calabre et la Sicile. Le charme de ce tableau sublime est presque impossible à décrire. Plus on approche de Reggio, plus le paysage est enchanteur. Le chemin suit le cours d'une rivière bordée de peupliers entrelacés de treilles qui semblent préparées pour un triomphe de Bacchus. On traverse ensuite des bosquets d'orangers et de citronniers qui conduisent jusqu'à la ville. Nous y restâmes deux jours. Mes compagnons de voyage se sont arrêtés à Montéléone, d'où je suis arrivé à Cosenza le 31 mars. Il paraît que je ne tarderai pas à recommencer une partie de ce voyage, car j'ai appris à mon arrivée ici, qu'on s'occupait sérieusement d'un projet de descente en Sicile, ce qui explique le motif de la tournée que nous venons de faire. Tous les chantiers de la capitale sont en grande activité pour construire des chaloupes canonnières. Deux régimens arrivés de la haute Italie ont renforcé notre faible armée qui doit prochainement se réunir en Calabre. Le roi qui s'est rendu à Paris pour le mariage de Napoléon est attendu vers la fin de ce mois. C'est probablement à cette époque que commencera le mouvement général.

LETTRE XXXII.

Entrée de Murat à Cosenza. — Projet de descente en Sicile. — Dispositions pour l'attaque et la défense sur les deux rives du détroit. — Arrivée du roi à Scylla. — Les Anglais bombardent cette ville.

Du camp de la Meglia, 6 juin 1810.

Une carrière glorieuse s'ouvre enfin devant nous. De nobles travaux vont succéder à nos tristes colonnes mobiles. Nous voilà en présence des Anglais, près d'entreprendre une des plus périlleuses, mais des plus brillantes expéditions.

Dès le retour du roi à Naples, le 27 avril, les troupes commencèrent à se mettre en marche vers la Calabre; des chaloupes canonnières et des barques chargées de vivres et de munitions mirent à la voile pour se diriger vers le détroit; et enfin, le roi, parti de sa capitale le 16 mai, fit son entrée triomphale à Cosenza, le 19 à quatre heures du soir. Toute la population des environs était accourue pour le voir. On avait fait venir un grand nombre de troupes pour border la haie au milieu de laquelle il passa dans un riche costume, assez ressemblant à celui des *hérauts d'armes*, montant un cheval fougueux qu'il maniait avec grâce, et suivi d'un nombreux état-major. Cette entrée fut réellement des plus brillantes. Le roi n'oublia rien pour paraître avec éclat aux yeux de ses nouveaux sujets. Le même jour il reçut toutes les autorités civiles qui parurent charmées de son grand air, de sa facilité à tout accueillir, de sa grâce à tout accorder. Le lendemain matin tous les corps d'officiers lui furent présentés. Il nous reçut très-gaiement, et nous annonça formellement qu'il nous menait à la conquête de la Sicile. Le 21 il y eut une grande revue, où la garde royale à pied et à cheval parut avec de superbes uniformes resplendissans de broderies en or et en argent, tandis que nos soldats, dans une tenue simple, mais sévère, ne brillaient que par le poli de leurs armes et leur attitude martiale.

Peu de jours après cette revue, le bataillon est parti de Cosenza pour se rendre au camp de *la Meglia*, montagne située au-dessus de Scylla, d'où l'on domine l'entrée du détroit. Ses deux rives présentent en ce moment le spectacle le plus animé. Les Anglais fortifient toutes leurs positions; on voit avec des lunettes d'approche des milliers de paysans siciliens travailler à un camp retranché qui doit se lier avec Messine par une ligne de redoutes. Un grand nombre de vaisseaux, de frégates, de bâtimens légers et de chaloupes canonnières sont jour et nuit en croisière dans le canal. De notre côté, on est occupé à construire des barques, et à élever des redoutes sur toute la plage, et principalement entre Bagnara et Scylla, où la mer forme un enfoncement favorable au mouillage de la flotille qui commence à se réunir.

Notre armée, forte de vingt-quatre mille hommes, dont cinq mille Napolitains, s'étend du camp de la Meglia jusqu'aux environs de Reggio. Celle des Anglais, commandée par le général Stuard, composée de seize mille hommes, dont six mille Siciliens, occupe toutes les hauteurs qui nous sont opposées, de la tour du Phare à Messine.

Le roi, après s'être arrêté quelques jours à Cosenza et à Montéléone, est arrivé le 2 de ce mois à Palmi, où il s'est embarqué le 3 pour se rendre à Scylla; il y est entré au son des cloches et au bruit du canon des Anglais, qui ont fêté son arrivée en jetant des bombes dans la ville. Les canons du fort, ceux des batteries de la côte et de nos chaloupes canonnières, répondant vivement au feu des Anglais, il s'est engagé une très-vive canonnade qui a fait plus de bruit qu'elle n'a occasionné de dommages.

La présence du roi va sans doute hâter tous les préparatifs de descente. Si les Anglais ont de grands moyens de défense, la conquête de la Sicile exaltant notre courage, saura nous les faire surmonter. Cependant, comme il y aurait de la témérité et même de l'extravagance à vouloir affronter avec nos frêles embarcations, ces citadelles flottantes dont le moindre mouvement nous anéantirait, on pense généralement qu'il faut hasarder ce court trajet en profitant d'un coup de vent, qui, forçant les bâtimens anglais à se réfugier dans le port de Messine, nous porte en masse sur les rivages de la Sicile. Si l'armée peut y débarquer sans éprouver de grandes pertes, l'île entière ne tardera pas à être soumise.

LETTRE XXXIII.

Situation des armées française et anglaise. — Combat des deux flottilles.

Du camp, 22 juillet 1810.

Aucune circonstance favorable à l'exécution de notre entreprise ne s'est encore présentée. Nous sommes sur le théâtre des grandes fictions, et il semblerait que les Anglais, maîtres des îles Ioliennes y tiennent captifs les vents qui pourraient nous porter sur les rivages siciliens.

Ces retards forcés contrarient d'autant plus notre impatience d'en venir aux mains, que toutes les dispositions pour le débarquement sont terminées depuis long-temps. En attendant que ce moment arrive, je vais vous donner une idée de notre situation, et des événemens dont nous sommes journellement témoins.

Le roi a établi son quartier-général près de

Reggio, sur les hauteurs de *Biale*. Il habite un joli pavillon en bois qui se trouve placé exactement vis-à-vis d'une belle maison occupée par le général Stuard entre Messine et la tour du Phare. Les deux généraux en chef s'envoient fréquemment par une galanterie toute militaire, des projectiles qui tombent quelquefois au milieu des camps.

L'armée est partagée en trois divisions, dont deux françaises, commandées par les généraux Parthouneaux et Lamarque, et la troisième (dite de réserve), composée de Napolitains, sous les ordres du général Cavagnac, occupe les environs de Reggio. Le général de division, comte Grénier, l'un des généraux les plus distingués de l'armée française, est chef de l'état-major.

La flottille, composée de plus de cent chaloupes canonnières et d'un grand nombre de barques de toute dimension, disposées pour recevoir les hommes, les chevaux et l'artillerie, est à l'ancre sous la protection des batteries de la côte, et à proximité des troupes auxquelles on a assigné les embarcations nécessaires à leur transport pour effectuer le débarquement.

Le 30 juin l'armée reçut à neuf heures du soir l'ordre de se rendre sans bruit sur la plage et d'embarquer. A onze heures toutes les troupes étaient à bord, ainsi que le roi et son état-major. On gardait un profond silence, attentifs au signal qui devait être donné, mais à deux heures l'ordre de débarquer arriva, et nous retournâmes aux camps, regardant cet essai comme une répétition générale de la grande scène qui devait bientôt se passer. Pendant que nous embarquions, les détachemens restés à la garde des camps, ont aperçu des feux allumés sur les hautes montagnes qui nous environnent. C'est indubitablement des signaux donnés aux Anglais auxquels il semble bien difficile de dérober nos mouvemens.

Le roi a deux fois passé l'armée en revue. La dernière a eu lieu le 7 de ce mois près de *Villa-San-Giovanni*, sous le feu de deux corvettes, trois bricks et d'un grand nombre de chaloupes canonnières anglaises. Les boulets passant au-dessus de nos têtes, n'ont en rien troublé la précision et le calme de nos manœuvres. Cependant l'artillerie de la garde s'est avancée, et les a forcés à prendre le large.

Les deux flottilles se livrent fréquemment des combats assez vifs. Les Anglais s'avancent pour attaquer les convois qui arrivent par mer, ou pour chercher à détruire nos embarcations. Toute notre ligne marche alors à leur rencontre, et il en résulte un échange de coups de canon qui dure des journées entières. Les matelots appartenant au corps de la marine napolitaine, soutenus par des détachemens de grenadiers français embarqués sur les canonnières, et encouragés par la présence et les suffrages du roi, montrent une grande intrépidité. Le 9 juin ils combattirent avec succès pour protéger l'entrée d'un convoi venant de Naples. Le 10, la flottille entière de l'ennemi, soutenue par des bricks et des corvettes, recommença le combat, et fut forcée à se retirer après avoir perdu une canonnière prise à l'abordage par les grenadiers du 10ᵉ de ligne. Le 22 il y eut un engagement général qui fut encore à notre avantage. Deux canonnières, deux scorridors furent coulés bas, et la canonnière commandante fut enlevée à l'abordage. Un combat plus sérieux encore eut lieu le 29. Les deux flottilles étaient chargées de troupes qui ne cherchaient qu'à s'aborder. La lutte fut longue, meurtrière, et le succès très-indécis. Les deux partis ont amené beaucoup de barques à la remorque. Enfin, il se passe peu de jours qu'il ne survienne des engagemens plus ou moins opiniâtrés, mais qui ne peuvent en rien hâter l'exécution de nos projets. Il faut essentiellement, ainsi que je crois vous l'avoir dit, qu'un coup de vent, en forçant les Anglais à lever l'ancre, nous permette de franchir le canal en toute sécurité; d'autant plus que les marins chargés de nous conduire, enlevés par contrainte sur toutes les côtes de ce royaume, tremblent au seul bruit du canon, et emploient tous les moyens pour se soustraire aux dangers. Tout semble dépendre de deux heures d'un vent favorable; en attendant qu'il plaise à Eole de nous les accorder, les deux armées, spectatrices de ces escarmouches navales, bordent les hauteurs des deux rives qui présentent un des plus beaux spectacles militaires qu'il soit possible de voir. Le canal, couvert de chaloupes qui lancent des bombes, des obus et des boulets d'une rive à l'autre, et les vaisseaux anglais qui déploient toute leur grandeur sur les côtes de la Sicile, donnent à ce théâtre de la guerre une magnificence des plus imposantes.

LETTRE XXXIV.

Grande revue. — Fête brillante. — Beauté du climat. — Situation politique et militaire des Calabres. — Départ subit pour Castrovillari.

Castrovillari, 31 août 1810.

Le triste avantage d'avoir acquis quelque célébrité dans cette guerre de partisan que le bataillon fait depuis si long-temps en Calabre, lui a valu d'être de nouveau détaché pour assurer les communications avec la capitale, souvent interceptées par les brigands.

Nous voilà donc lancés de rechef dans toutes les horreurs des colonnes mobiles. Cette transition est d'autant plus pénible, que nous avons quitté le camp après une fête des plus brillantes.

Le 15 août, l'armée entière, réunie en face de Messine, a passé une grande revue, suivie de salves d'artillerie et de mousqueterie. La flottille était pavoisée et rangée en ordre de bataille en présence de toute la marine anglaise qui s'était avancée pour observer nos mouvemens. Jamais le détroit n'avait offert un plus beau spectacle. Les Anglais en étaient sans doute ravis, car ils n'ont nullement cherché à troubler notre allégresse.

Après la revue, les troupes sont entrées dans les camps, où elles ont passé le reste de la journée en jeux de toute espèce. Le soir les officiers de la garde ont donné un grand dîner. A neuf heures il y a eu un magnifique feu d'artifice, suivi d'un bal très-brillant, auquel un grand nombre de dames de Reggio et des environs ont assisté. La pureté de l'air, la sérénité du ciel, répandaient un charme inexprimable sur ce bal donné en plein air. On ne peut se faire une idée de la beauté des nuits dans cette contrée méridionale. Il y règne une fraîcheur balsamique qui ravit tous les sens. Le détroit, éclairé par les feux de joie allumés dans nos camps, et par l'illumination des villes et villages situés sur notre rive, donnait à cette fête un aspect réellement magique.

Le 16 au matin le charme cessa pour nous, lorsque nous reçûmes l'ordre de partir pour Castrovillari.

Pendant que l'armée est réunie à l'extrémité des Calabres, l'intérieur de ces provinces, confié à la garde des milices urbaines, peu respectées par les brigands, est de nouveau livré aux plus grands désordres, ce qui a décidé le roi à détacher quelques bataillons du camp.

Arrivés à Nicastro le 20, notre marche, au lieu de suivre la route ordinaire, fut dirigée le long des côtes, pour pouvoir protéger au besoin les convois qui arrivent par mer, et que les Anglais attaquent journellement.

Nos stations ont été assignées à *Castiglione, Amantea, Paula, Cetraro, Belvédère* et *Lungro*. La petite ville d'Amantea, adossée à un rocher escarpé, et surmonté d'un vieux château qui a soutenu un siége très-opiniâtre en 1806, est à peu près déserte dans cette saison. Les habitans un peu aisés abandonnent ce rocher exposé sans aucun abri à toute l'ardeur d'un soleil brûlant qui engendre des fièvres malignes et putrides. Le peu d'habitans que nous y trouvâmes ressemblaient à des spectres errans autour des demeures abandonnées.

Il en est bien autrement de la jolie ville de Paula, très-peuplée et agréablement située sur une hauteur où l'on respire un air pur et tempéré. Les montagnes qui l'environnent, couvertes de belles forêts et de jolies maisons de campagne, présentent un coup-d'œil ravissant.

Cette ville a donné naissance à St. François (dit de Paula), fondateur de l'ordre des Minimes, et très en vénération dans toute la chrétienté. Les Calabrais ont une confiance sans borne dans sa médiation; et rien n'est plus bizarre que leur manière de l'invoquer. On les voit prosternés au pied de sa statue, passant autour de la tête du saint un licol dont ils tiennent l'extrémité en prononçant les plus ferventes prières. Ce saint, qui interdit rigoureusement à son ordre l'usage des viandes, et qui ne le permet qu'avec beaucoup de réserve aux malades, ayant voulu procurer à ceux du couvent de Paula des pigeons, que ces malades refusèrent par excès d'austérité, ces oiseaux furent dès-lors regardés comme sacrés, et ils se sont multipliés au point que tous les murs du monastère en sont couverts. Les habitans du pays, qui les laissent jouir d'une paix profonde, malgré les grands dommages qu'ils occasionnent dans les campagnes, sont persuadés que si on s'avisait de tirer dessus, le canon de l'arme creverait, et tuerait infailliblement le chasseur sacrilége; aussi le syndic nous engagea-t-il à faire respecter cet objet de leur culte, crainte de susciter une révolte.

A Belvédère nous quittâmes les bords de la mer après avoir détaché une compagnie qui devait occuper la batterie de *Cirella*, située sur la côte quelques milles plus loin. Nous traversâmes des hautes montagnes couvertes d'épaisses forêts, et coupées de profondes vallées. Cette partie de la Calabre est une vaste solitude abandonnée aux oiseaux de proie, aux loups et aux sangliers. Elle est traversée par des sentiers couverts d'un ombrage impénétrable aux rayons du soleil.

Après avoir fait vingt-cinq milles dans

cette contrée singulièrement pittoresque, nous arrivâmes au village de *Lungro*, près duquel il existe une montagne de *sel-gemme*, exploitée sans intelligence et sans activité; cependant elle pourrait être de la plus grande utilité pour toute la Calabre, et serait susceptible de procurer un revenu considérable au gouvernement.

Le lendemain nous descendîmes pendant quatre heures par des chemins affreux; et enfin, après onze jours de marche, nous sommes arrivés le 27 à Castrovillari accablés de fatigue, et surtout épuisés par la chaleur accablante qui règne au plus haut degré sur ces rivages insalubres, exposés la journée entière à un soleil dévorant.

LETTRE XXXV.

Insurrection de l'arrondissement de Castrovillari. — Expéditions contre les insurgés. — Échec éprouvé à Orsomarzo. — Événemens divers.

Castrovillari, 18 septembre 1810.

La partie de l'arrondissement de Castrovillari, située à l'entrée de la Calabre, était en pleine insurrection lorsque nous y arrivâmes. Les habitans des villages qui avoisinent le Campotémèse, interceptaient les communications avec la capitale, et les convois d'argent, dirigés vers le camp, sous de faibles escortes, couraient constamment le risque d'être enlevés.

Notre chef de bataillon, nommé commandant supérieur de l'arrondissement, avait l'ordre de faire occuper les défilés du Campotémèse par des postes retranchés, et d'employer tous les moyens en son pouvoir pour soumettre la population insurgée. Cette opération présentait de grandes difficultés, en raison de la nature des lieux et du caractère des habitans sauvages, féroces et ignorans à l'excès. D'ailleurs, nous ne connaissions nullement cette partie de la Calabre ; et le bataillon, considérablement affaibli par les maladies et les détachemens déjà fournis, n'avait plus que 350 hommes disponibles.

Après un repos de quelques jours, nous partîmes pour *Mormano*, bourg considérable, qui, en raison de la grande aisance dont jouissent ses habitans, n'avait point encore osé lever entièrement le masque. Nous y entrâmes sans éprouver de difficulté ; mais dans la nuit, trois soldats sortis imprudemment d'une église où ils étaient casernés, furent massacrés à coups de poignards, ce qui indiquait suffisamment les mauvaises dispositions des habitans à notre égard. Le commandant fit aussitôt arrêter le syndic, ses adjoints et quatre des principaux propriétaires qui ne purent ou ne voulurent jamais livrer les auteurs de ce meurtre. Il fallut se contenter de les garder comme ôtages, afin qu'ils répondissent de la tranquillité de leurs concitoyens, et qu'ils fournissent sur leur responsabilité personnelle des guides assurés pour pouvoir parcourir le pays.

Après avoir laissé un détachement qui se retrancha dans un couvent pour garder les ôtages, et nous servir, au besoin, d'un point de retraite, nous partîmes pour aller parcourir les villages insurgés. Nous traversâmes des montagnes affreuses, des vallées profondes, où, à chaque pas, il y avait des embuscades à redouter, ce qui ralentissait notre marche, étant partout obligés de nous faire éclairer. Les misérables villages par où nous passâmes n'étaient plus habités que par des femmes, des infirmes et des vieillards. Toute la population fuyait à notre approche. Mais sur quel point allait-elle se réunir? Il était important de le savoir pour se garantir d'une attaque soudaine. Des détachemens envoyés à la découverte, afin d'arrêter les premiers paysans qu'on rencontrerait, ramenèrent deux gardiens de troupeaux, véritables sauvages, dont on pouvait à peine comprendre le jargon. Après bien des difficultés, et le simulacre de les fusiller pour les forcer à parler, nous apprîmes qu'un rassemblement de plusieurs milliers d'hommes nous attendait dans un défilé qu'il fallait nécessairement passer en continuant notre opération. Nous partîmes à l'instant, espérant les surprendre, en faisant de grands détours à travers des bois peu praticables, et nous arrivâmes sans être découverts sur une position qui dominait celle des insurgés. Nous en approchâmes avec une extrême précaution; et sortant inopinément d'un bois très-fourré, nous vîmes une multitude de paysans, couchés sans ordre, sans prévoyance, et dormant pour la plupart. Brusquement éveillés à coups de fusil, ils prirent promptement la fuite, laissant plusieurs morts et blessés. Nous les poursuivîmes, la baïonnette dans les reins, jusqu'à un précipice au fond duquel le village d'*Orsomarzo* est situé.

Il serait difficile de trouver une position plus affreuse et plus extraordinaire que celle de ce village. Entouré de toute part de hautes montagnes qui s'élèvent à pic comme des murailles, il semble être placé au fond d'un puits. On y descend par une rampe escarpée, en suivant les sinuosités d'un torrent qui tombe avec fracas, et forme de belles cascades. Ce torrent traverse le village d'où il sort par une fente de rocher fort étroite, et vient ensuite fertiliser une campagne extrêmement riante et bien cultivée, qui offre un contraste étonnant avec l'horreur qu'inspire cet affreux séjour, où il paraît inconcevable que des hommes aient pu fixer leur demeure. Le sentier qui borde ce torrent à sa sortie du village est taillé dans le roc, et il est impossible de s'y engager avec sûreté, si l'on n'est entièrement maître des hauteurs.

Après avoir fait garder l'entrée principale de cet affreux réduit par un détachement placé sur une montagne, la seule que l'on pût occuper militairement, mais qui malheureusement se trouvait un peu éloignée, nous descendîmes dans *Orsomarzo* pour y chercher des vivres, étant bien éloignés de penser que ce ramassis de paysans mis en fuite, pût reparaître dans la journée. Nous trouvâmes le village entièrement désert. Tout y annonçait la précipitation avec laquelle les habitans avaient pris la fuite. La plupart des maisons restées ouvertes nous offrirent des ressources en tout genre.

Pendant que nous étions occupés à réunir des vivres pour plusieurs jours, nous entendîmes tirer quelques coups de fusil, et au même instant toutes les montagnes environnantes furent occupées par une multitude de gens armés. Le détachement, placé à l'entrée du défilé, venait d'être attaqué et obligé d'abandonner sa position après avoir eu plusieurs hommes tués et blessés. Au moment où nous commencions à monter la côte pour marcher à son secours, il fut contraint de se replier en toute hâte sur le village. Les paysans qui le suivaient de très-près, s'établirent en masse devant nous de manière à empêcher absolument toute sortie de ce coupe-gorge, où nous étions ainsi tous refoulés sans pouvoir espérer de nous ouvrir un passage de ce côté. Le détachement se porta alors vers l'autre issue, où il fut accueilli par une grêle de pierres et de rochers énormes lancés du haut de la montagne, qui écrasèrent devant moi deux sapeurs et un tambour. Voyant que l'on ne pouvait s'engager dans ce passage sans courir à une perte certaine, nous revînmes sur nos pas avec la ferme résolution de tout entreprendre pour sortir de cette effroyable position. Plus nous tardions, plus elle devenait critique. Les balles arrivaient de tous côtés, et l'on entendait les cris perçans des femmes, qui, semblables à des furies, n'attendaient que le moment de se repaître de notre sang. Aussitôt les tambours battent la charge, et on se précipite vers cette fatale issue avec l'énergie du désespoir. La compagnie de voltigeurs traverse le torrent sous une grêle de balles, gravit avec une difficulté extrême une montagne escarpée d'où le feu des insurgés nous faisait éprouver des pertes considérables, et enfin ces braves parviennent à frayer un chemin que la nécessité seule pouvait rendre praticable.

Dès que nous fûmes arrivés sur les hauteurs, les soldats furieux coururent avec acharnement après les insurgés qui se sauvaient de toute part, et dont un groupe nombreux, acculé sur une pointe de rocher, fut massacré, ou périt en se jetant dans des précipices. Ce malheureux échec, occasionné par la nécessité d'avoir des vivres dont nous étions entièrement privés, a coûté plus de soixante hommes. Un grand nombre d'entre nous ont eu des blessures légères, des contusions et es balles dans leurs habits. Mais la perte essuyée par les insurgés dans ces deux rencontres, a été bien plus considérable et a dû nous rendre encore plus redoutables à leurs yeux, en leur prouvant que l'intrépidité française ne connaît aucun obstacle, et peut se tirer de tous les mauvais pas.

Nous marchâmes une partie de la nuit, pour retourner à Mormano, avant que ces paysans, les plus déterminés que nous eussions encore rencontrés en Calabre, pussent intercepter le chemin. Nous y entrâmes avant le jour, tambour battant. Notre apparition subite au moment où l'on avait fait courir le bruit de notre entière destruction, fut un coup de foudre pour les habitans, qui craignant les mesures rigoureuses que nous étions suffisamment autorisés à exercer dans tout ce canton, eurent l'audace et l'insolence d'envoyer une députation pour nous féliciter sur notre heureux retour.

Cette insurrection devenant redoutable, le commandant envoya des rapports exacts et circonstanciés pour faire connaître l'état des choses, et demander des renforts afin d'occuper militairement les principaux villages, car c'est le seul moyen de les réduire à l'obéissance. En attendant, il voulut faire une tentative contre un bourg nommé *Laïno*, foyer de la révolte. Cette opération exigeait le plus grand secret; il fallait des guides, qu'on obtint par ruse, qui servirent par force, et nous partîmes par une nuit très-obscure observant le plus grand silence.

Laïno est situé à douze milles de *Mormano*. En y arrivant avant le jour, on pouvait espérer d'y surprendre une partie des insurgés, et tout au moins d'enlever comme ôtages les familles de quelques individus qui jouaient un grand rôle dans cette révolte. Malgré toutes les mesures prises pour dérober notre marche, les habitans en eurent connaissance, et le village fut trouvé entièrement désert. D'autres tentatives avec des forces aussi peu considérables, et dans un pays dont toute la population était insurgée, pouvant nous compromettre sans résultat décisif, le commandant prit le parti de laisser une garnison de cent hommes à Mormano qu'il était essentiel d'occuper afin de faciliter des entreprises ultérieures, et nous retournâmes à Castrovillari en attendant l'arrivée des renforts sollicités avec instance.

L'audace des insurgés, accrue par notre retraite, se dirigea alors contre la compagnie qui occupait la batterie de *Cirella*. Ne pouvant la forcer dans ce poste où elle était bien retranchée, ils s'établirent dans un village qui fournissait les rations de vivres nécessaires à cette compagnie. Le capitaine qui la commandait fit une sortie pour les en chasser, mais ayant eu la cuisse traversée d'une balle, et plusieurs de ses soldats tués et blessés, il fut obligé de faire une prompte retraite, crainte de se voir enveloppé. Bloqué de toute part, séparé de Castrovillari par une distance de quarante milles, et n'ayant aucun moyen de faire connaître sa triste situation, son état était des plus critiques. Heureusement qu'il y avait quelques bateaux pêcheurs placés aux pieds de la batterie, qui aidèrent à faire subsister la troupe.

Nous ignorions entièrement ce qui se passait sur ce point, lorsque, le 10 septembre, après midi, je vis entrer chez moi un caporal de cette compagnie, déguisé sous un vêtement de pêcheur, et qui était arrivé comme par miracle après avoir erré deux nuits et deux jours dans les montagnes et les forêts. Jugeant d'après son récit qu'il n'y avait pas un instant à perdre, nous partîmes aussitôt, et nous arrivâmes le lendemain au soir sans obstacles à *Cirella,* où nous trouvâmes les soldats réduits à un gran détat de détresse, et le capitaine dangereusement malade de sa blessure qui n'avait pu être soignée. Sa compagnie fut remplacée, et, après nous être arrêtés deux jours, pour faire préparer les provisions nécessaires à la garnison de ce fort, nous sommes retournés à Castrovillari.

Pendant que nous étions en marche, deux hommes couverts de haillons, et dont la figure portait une empreinte de malheur et de souffrance, sortirent devant nous d'un bois épais, et coururent à notre rencontre criant d'un accent pénétrant : Français! Français! C'était deux grenadiers du bataillon, blessés légèrement à notre sortie d'Orsomarzo, et qui n'ayant pu escalader la montagne par où nous nous échappâmes, étaient tombés entre les mains des insurgés. Ils avaient été témoins de l'horrible massacre de leurs infortunés camarades, et ne devaient la vie qu'à leur bonne mine et à leur apparence de force, pour servir en guise de bêtes de somme à porter sur un brancard la femme, ainsi que le bagage d'un des chefs de la révolte, qui les faisait marcher à coups de fouet comme des ânes, et les tenait pendant la nuit attachés à des arbres, dans la cruelle attente de se voir fusillés à chaque instant. Ayant été instruits de notre arrivée, ces malheureux avaient fait des efforts surnaturels pour se dégager pendant la nuit, et venir nous joindre.

D'après les renseignemens qu'ils nous ont donnés, il est constant que les insurgés sont en grand nombre, et dirigés par les Anglais qui leur fournissent des armes, des munitions et de l'argent. On ne jouira jamais d'une paix stable dans ce royaume, aussi long-temps que ces artisans de troubles et de révolte occuperont la Sicile. Cette grande question ne tardera pas à être décidée. On n'attend plus que les premiers coups de vent de l'équinoxe pour franchir le détroit, et si notre bataillon n'a point l'honneur d'aborder des premiers le rivage de la Sicile, nous espérons arriver encore à temps pour escalader les remparts de Syracuse.

LETTRE XXXVI.

Débarquement de l'expédition napolitaine en Sicile. — Joachim Murat renonce à l'expédition. — Son retour à Naples. — Réflexions générales sur cette entreprise.

Castrovillari, 1ᵉʳ octobre 1810.

Le moment favorable pour effectuer une descente en Sicile semblait être enfin arrivé. L'équinoxe exerçant son influence sur le détroit, avait forcé les Anglais à rompre leur ligne d'embossage et à faire rentrer leurs bâtimens dans le port de Messine. Une descente partielle, opérée sans obstacle sur la plage ennemie, avait déjà indiqué le moyen de l'aborder. Cependant l'armée vient de quitter ses positions, le roi est retourné à Naples, et l'expédition est indéfiniment ajournée, sans qu'aucun événement fâcheux, aucun échec considérable ait forcé d'y renoncer. Vous pourrez en juger par le récit succinct des événemens qui viennent de se passer.

Depuis notre départ du camp, les deux flottilles ont fréquemment échangé des coups de canon, sans autre résultat que la perte de quelques hommes, et l'armée s'est exercée de temps à autre à passer des nuits à bord des bâtimens et à débarquer avant le jour.

Cependant le roi voulant faire reconnaître de plus près les côtes de la Sicile, fit partir sur une lance, dans la nuit du 8 septembre, trente grenadiers de sa garde qui abordèrent près de Messine, enlevèrent un poste, et jetèrent l'alarme dans le camp ennemi. Cette reconnaissance était le prélude d'un simulacre de descente générale.

Le 17 au soir, aucun bâtiment anglais n'étant en vue, l'ordre fut donné à toute l'armée d'embarquer. Le roi, son état-major, sa garde, et les deux divisions françaises se réunirent au mouillage de *Punta-Del-Pezzo* où toute la flottille était rassemblée, et la division Cavagnac s'embarqua dans l'anse de *Pentimella* située au sud de Reggio, à une distance de huit milles de Punta-Del-Pezzo. Cette division se conformant à l'ordre donné, mit à la voile à dix heures du soir, et aborda sans obstacle à trois heures du matin à *San-Stephano* en Sicile. Pendant qu'elle opérait ce mouvement qui entrait dans le plan général, les autres divisions se trouvaient malheureusement retenues par un calme plat, tandis qu'une brise favorable régnait à Pentimella où le canal en s'élargissant devient plus accessible aux vents. Le roi, après avoir vainement attendu toute la nuit qu'un souffle vînt enfler ses voiles, se vit contraint de faire débarquer les troupes, et apprit avec surprise, que la division Napolitaine, qu'on supposait être également retenue par le calme, avait effectué son débarquement. Cependant le général Cavagnac qui avait ordre de se replier si quelque contre-temps empêchait le débarquement des autres divisions, se voyant isolé en Sicile et exposé à y être accablé, se hâta de regagner l'anse de Pentimella, forcé néanmoins d'abandonner à San-Stephano, trois cents hommes qu'il ne put ramener faute de barques, les premières arrivées en Sicile ayant profité de l'obscurité pour retourner furtivement en Calabre. Ces trois cents hommes, enveloppés par des forces considérables, furent obligés de se rendre prisonniers de guerre après avoir opposé la plus vigoureuse résistance. Tel est le rapport officiel publié sur cet événement.

Les vents ont pu contrarier une première tentative, mais comment n'a-t-on pas attendu une circonstance favorable qui permît d'effectuer une descente avec toutes les forces réunies? On pense généralement que Napoléon n'a jamais eu de projets sérieux sur la Sicile, et que son but a été de donner des inquiétudes aux Anglais sur ce point, afin d'y attirer toutes les forces de terre et de mer qu'ils entretiennent dans la Méditerranée, pour les empêcher de les porter en Espagne et d'intercepter les communications avec Corfou, où il est parvenu dans le courant de cet été des renforts considérables en hommes et en munitions. Cette île devient un grand entrepôt qui semble destiné à favoriser les vues ultérieures de Napoléon sur la Morée.

Mais avant de quitter le camp, le roi voulant sans doute prouver aux Anglais qu'il n'était point impossible de les joindre en Sicile, y a fait aborder ses propres troupes, ne pouvant probablement point disposer aussi librement des corps français dont le commandement lui est confié.

Sa Majesté s'est embarquée le 26 au port de Pizzo, pour retourner à Naples. Forcée par les croisières ennemies de se réfugier pendant quelques heures sous la batterie de Cirella, elle a demandé au commandant de ce poste des détails sur le pays. Le capitaine du bataillon qui y est détaché, lui a fait connaître les événemens qui ont signalé l'insurrection des habitans de ce canton, et nos efforts infructueux pour les réduire. A la suite de cette conversation, le roi, tout en donnant des éloges aux services que le bataillon a rendus dans ce pays, s'est écrié, en parlant de notre affaire *d'Orsomarzo : Pourquoi êtes-vous descendus dans ce coupe-gorge? Au surplus, vous en êtes sortis en braves;* et il a ajouté, qu'après un séjour de trois ans en Calabre, il était juste de nous en faire sortir. Cette nouvelle que le capitaine s'est empressé de nous transmettre, nous a comblés de joie. Nous espérons donc recevoir prochainement l'ordre de suivre le mouvement de l'armée qui se replie sur Naples.

LETTRE XXXVIIe ET DERNIÈRE.

Départ pour Naples. — Nouvelles dispositions pour détruire le brigandage en Calabre. — Réflexions générales sur ces provinces. — Conclusion.

Castrovillari, 19 octobre 1810.

Il serait difficile d'exprimer la joie que nous avons tous éprouvée en recevant l'ordre de partir pour Naples le 22 de ce mois. On croirait à voir nos transports, qu'après avoir subi une longue détention, nous sommes rendus à la liberté, au bonheur. N'est-ce pas en effet une espèce d'exil pour des militaires que d'employer trois années dans un genre de guerre qui ne présente ni gloire, ni avancement, et ne laisse que des chances désastreuses ?

Notre satisfaction de quitter la Calabre est encore augmentée par les mesures extraordinaires qu'on se dispose à mettre en usage, et que la situation déplorable de ce pays rend malheureusement nécessaires, mais dont l'exécution répugnera toujours à des Français.

Il est démontré depuis long-temps que, malgré notre courage, notre activité, notre persévérance, nous luttons avec trop de désavantage contre des hommes nés dans le pays, armés à la légère, soutenus par une partie de la population, et habitués dès l'enfance à tirer avec une extrême justesse. Ces motifs ont donc décidé à adopter un nouveau système d'après lequel les troupes seront seulement employées à contraindre les habitans à détruire eux-mêmes les brigands, sous peine d'être traités comme fauteurs du brigandage. A cet effet, dix mille hommes doivent être répartis dans les deux provinces, et y rester à la charge des communes jusqu'à leur entière pacification.

Puisse cette mesure, malgré les graves inconvéniens qu'elle présente, et tous les excès auxquels les haines particulières vont donner lieu, procurer une tranquillité durable à ces malheureuses contrées que l'ignorance et la barbarie isolent depuis si long-temps du reste de l'Europe ! L'artiste et le savant

-pourront alors les parcourir, et faire connaître cette intéressante partie de l'Italie, dont mes lettres n'ont pu vous donner qu'un aperçu très-imparfait. Le peintre de paysage y trouvera des sites d'une beauté surprenante, l'antiquaire des ruines qui n'ont point encore été fouillées, le botaniste des plantes et des fleurs peu communes en Europe; enfin, le philosophe, pénétré de la grandeur et de la prospérité des anciennes colonies grecques, pourra donner un libre cours à ses méditations, en voyant des champs abandonnés, des villages en ruine, et des hommes avilis par la misère et l'ignorance.

Mais le voyageur qui ne cherche que plaisirs et distraction, doit s'arrêter dans la délicieuse capitale de ce royaume; là se réunissent à la beauté du climat les agrémens et les jouissances que peut offrir la civilisation européenne.

FIN.

ERRATA.

Pag. vii, ligne dernière, perfidie, *lisez* cruauté.

2, ligne 4, j'ai connu, *lisez* j'aie connue.—Même ligne, ici tout est en mouvement, *lisez* ici tout est mouvement.

11, au sommaire, ligne 2, la Campotèmèse, *lisez* le Campotémèse.

12, ligne 17, il survient, *lisez* il survint.

14, ligne 7. Un avant-garde, *lisez* une avant-garde.

21, ligne 20, à tous les genres d'atrocités et de perfidies, *lisez* à tous les excès de la plus odieuse vengeance.

28, ligne 5, à proximité du village, *lisez* à proximité de quelques villages.

30, ligne 2 et 3, *retranchez* qui espéraient faire un riche butin.

48, ligne 5, un grand nombre de prisonniers, *lisez* et un grand nombre, etc.

50, ligne 19, où les Anglais perdirent du monde, *lisez* où les Anglais perdirent peu de monde.

71, lignes 13 et 14, le jour vient éclairer une nouvelle perfidie, un nouveau désastre, *retranchez* une nouvelle perfidie.

78, ligne 5, et recevaient des milliers, *lisez* et recélaient des milliers.

83, lignes 1 et 2, jouissent d'une grande liberté, *lisez* jouissent de quelque liberté.

95, ligne 11, saluèrent, *lisez* salient.

99, ligne 12, aboyant et prêtes, *lisez* aboyans et prêts.

113, ligne 13, Scylia, *lisez* Syla.

115, ligne 8, fournirait, *lisez* fournissait.

133, ligne 4, que le bataillon a quitté le 30 juin, *lisez* le bataillon a quitté cette ville le 30 juin.

Ibid, lignes 16 et 17, trouvé des torrens fougueux, favorisés par un temps superbe, *lisez* trouvé des torrens fougueux. Favorisés par un temps superbe,

143, ligne 8, au-delà de Syla, *lisez* au-delà de la Syla.

Pag. 144, ligne 2, Ces sources fraîches, *lisez* Des sources fraîches.
145, lignes 7 et 8, impénétrable, sous le nom, *lisez* impénétrable, connue des anciens sous le nom.
148, lignes 4 et 5, et par ce moyen, nous étions, *retranchez* par ce moyen.
157, dernière ligne, l'île *delle Semine* lisez l'île *delle Femine*.
161, ligne 20, il en imposait, *lisez* il imposait.
195, lignes 13 et 14, à ce brigandage, *lisez* au brigandage.
212, ligne 7, au nouveau gouvernement, *lisez* au gouvernement actuel.
227, ligne 4, et on proposa, *lisez* et me proposa.
241, lignes 9 et 10, *retranchez* séparés du monde entier.
244, ligne 21, sortons, *lisez* sortions.
251, ligne 13, fournissent, *lisez* fournirent.
261, lignes 2 et 3, sont en mauvais état, *lisez* annoncent leur misère.
Ibid, ligne 5, leur malpropreté excessive, *lisez* leur malpropreté est excessive.
271, Biale *lisez* Piale.
275, au sommaire, ligne 1, expédition, *lisez* division.

www.ingramcontent.com/pod-product-compliance
Lightning Source LLC
Chambersburg PA
CBHW071511160426
43196CB00010B/1481